맛있는 스쿨 단과 강좌 할인 쿠폰

인강 할인 이벤트

할인 코드: **jrchina03om**

단과 강좌 할인 쿠폰
20% 할인

할인 쿠폰 사용 안내
1. 맛있는스쿨(cyberjrc.com)에 접속하여 [회원가입] 후 로그인을 합니다.
2. 메뉴中[쿠폰]→ 하단[쿠폰 등록하기]에 쿠폰번호 입력 → [등록]을 클릭하면 쿠폰이 등록됩니다.
3. [단과] 수강 신청 후, [온라인 쿠폰 적용하기]를 클릭하여 등록된 쿠폰을 사용하세요.
4. 결제 후, [나의 강의실]에서 수강합니다.

쿠폰 사용 시 유의 사항
1. 본 쿠폰은 맛있는스쿨 단과 강좌 결제 시에만 사용이 가능합니다.
2. 본 쿠폰은 타 쿠폰과 중복 할인이 되지 않습니다.
3. 교재 환불 시 쿠폰 사용이 불가합니다.
4. 쿠폰 발급 후 60일 내로 사용이 가능합니다.
5. 본 쿠폰의 할인 코드는 1회만 사용이 가능합니다.

*쿠폰 사용 문의 : 카카오톡 채널 @맛있는스쿨

맛있는톡 할인 쿠폰

전화 화상 할인 이벤트

할인 코드: **jrcphone2qsj**

전화&화상 외국어 할인 쿠폰
10,000원

할인 쿠폰 사용 안내
1. 맛있는톡 전화&화상 중국어(phonejrc.com), 영어(eng.phonejrc.com)에 접속하여 [회원가입] 후 로그인을 합니다.
2. 메뉴中[쿠폰]→ 하단[쿠폰 등록하기]에 쿠폰번호 입력 → [등록]을 클릭하면 쿠폰이 등록됩니다.
3. 전화&화상 외국어 수강 신청 시 [온라인 쿠폰 적용하기]를 클릭하여 등록된 쿠폰을 사용하세요.

쿠폰 사용 시 유의 사항
1. 본 쿠폰은 전화&화상 외국어 결제 시에만 사용이 가능합니다.
2. 본 쿠폰은 타 쿠폰과 중복 할인이 되지 않습니다.
3. 교재 환불 시 쿠폰 사용이 불가합니다.
4. 쿠폰 발급 후 60일 내로 사용이 가능합니다.
5. 본 쿠폰의 할인 코드는 1회만 사용이 가능합니다.

*쿠폰 사용 문의 : 카카오톡 채널 @맛있는스쿨

100만 독자의 선택
맛있는 중국어 시리즈

회화

첫걸음·초급
▶ 중국어 발음과 기본 문형 학습
▶ 중국어 뼈대 문장 학습

초·중급
▶ 핵심 패턴 학습
▶ 언어 4대 영역 종합 학습

맛있는 중국어 Level ❶ 첫걸음 | 맛있는 중국어 Level ❷ 기초 회화 | 맛있는 중국어 Level ❸ 초급 패턴1 | 맛있는 중국어 Level ❹ 초급 패턴2 | 맛있는 중국어 Level ❺ 스피킹 | 맛있는 중국어 Level ❻ 중국통

기본서

▶ 재미와 감동, 문화까지 **독해**
▶ 어법과 어감을 통한 **작문**
▶ 60가지 생활 밀착형 회화 **듣기**

▶ 이론과 트레이닝의 결합! **어법**
▶ 듣고 쓰고 말하는 **간체자**

맛있는 중국어 독해 ❶❷ | 맛있는 중국어 작문 ❶❷ | 맛있는 중국어 듣기 | NEW 맛있는 중국어 어법 | 맛있는 중국어 간체자

비즈니스

▶ 비즈니스 중국어 초보 탈출! **첫걸음**
▶ 중국인 동료와 의사소통이 가능한 **일상 업무편**
▶ 입국부터 출국까지 완벽 가이드! **중국 출장편**
▶ 중국인과의 거래, 이젠 자신만만! **실전 업무편**

맛있는 비즈니스 중국어 Level ❶ 첫걸음 | 맛있는 비즈니스 중국어 Level ❷ 일상 업무 | 맛있는 비즈니스 중국어 Level ❸ 중국 출장 | 맛있는 비즈니스 중국어 Level ❹ 실전 업무

new 스피킹 중국어 고급 上

초 판 1쇄 발행	2009년 11월 30일
개정판 1쇄 발행	2014년 4월 28일
개정판 6쇄 발행	2023년 8월 20일

저자	JRC 중국어연구소
발행인	김효정
발행처	맛있는books
등록번호	제2006─000273호
편집	최정임
디자인	이솔잎
삽화	plug
녹음	于海峰ㅣ曹红梅

주소	서울시 서초구 명달로 54 JRC빌딩 7층
전화	**구입문의** 02·567·3861ㅣ02·567·3837
	내용문의 02·567·3860
팩스	02·567·2471
홈페이지	www.booksJRC.com
ISBN	978-89-98444-35-8 14720
	978-89-98444-13-6 (세트)
가격	15,000원

Copyright © 2014 맛있는books

출판사의 허락 없이 이 책의 일부 또는 전부를 무단 복사·전재·발췌할 수 없습니다.
잘못된 책은 구입처에서 바꿔 드립니다.

이 도서의 국립중앙도서관 출판시도서목록(CIP)은 서지정보유통지원시스템 홈페이지(http://seoji.nl.go.kr)와
국가자료공동목록시스템(http://www.nl.go.kr/kolisnet)에서 이용하실 수 있습니다.(CIP제어번호: CIP2014009653)

new 스피킹 중국어 고급 上

회화 고수되기

머리말

　　本书是专为汉语学时达到一年半以上，具有较高汉语会话、听力、阅读水平的学习者而特别编写的一套高级会话教材。

　　本套教材共两册，此册为上册，共有8课。每课包括热身话题、对话、课文、语法、听说读写各项专门练习等部分。

　　对于汉语水平达到高级的学习者来说，能够流利地说出汉语已经不成问题了，但是如何说得正确，说得地道，说得更高级一点，还是一个挑战，需要更多的学习和指导。

　　本书以中国一个普通的四口之家的生活为背景，选择了更多贴近现实生活的内容，题材丰富多样，很有时代感和趣味性。本书还具有一些别的高级会话书所不具有的特别之处。一是包含了大量原汁原味的汉语表现，比如在某一情景下，中国人实际会运用的成语、俗话、固定句型等。二是强调高级化的表现，会话部分强调了口语性，而课文部分又适当地加入了在书报、电视上经常出现的书面语，这样的话，让学习者既说得流利，又说得高级。三是针对学习者的弱项：各种语法错误进行指导和训练。因为笔者具有多年教育韩国学生的经验，所以综合总结出在说汉语时经常出现的错误，进行说明和练习。这样既有利于会话实力的提高，也对学习者们参加新HSK6级(高级)考试十分有帮助。

　　本书在编写和出版的过程中，得到了JRC学院金孝贞院长和各位老师、同事们的帮助，再次致以衷心的感谢。编写过程中，难免存在谬误和不足之处，真诚地希望得到各位的宝贵意见，以便更好地完善这本教材。

jRC 중국어연구소·郑之君

『스피킹 중국어_고급』은 중국어를 1년 반 이상 공부한 학습자를 위한 교재로, 고급 중국어 회화와 듣기, 독해 수준을 갖춘 학습자를 위해 특별히 집필된 고급 회화 교재입니다.

모두 2권으로 이루어진 세트에서 본 교재는 上권에 해당하며 모두 8개 과로 이루어져 있습니다. 모든 과는 적극적인 회화 학습을 위한 워밍업 화제와 대화, 본문, 어법, 그리고 듣기와 말하기, 읽고 쓰기 등 각 항목을 전문적으로 연습할 수 있는 부분으로 구성되어 있습니다.

고급 수준의 중국어를 구사하는 학습자들에게 유창하게 중국어를 말하는 것은 별로 문제가 되지 않으나, 어떻게 하면 정확한 중국어를 구사하는지 또는 정통 중국어를 구사하고 더욱 난이도 있는 중국어를 말할 수 있는지는 아직도 하나의 도전이라고 할 수 있으므로 더욱 학습과 지도가 필요합니다.

이 책은 4인 가족 구성원을 가진 중국의 일반 가정을 배경으로 하여, 좀더 현실 생활에 가까운 화제와 풍부하고 다채로운 주제를 선정하여 시대성과 흥미를 추구하였습니다. 본 교재에는 다른 회화 교재에서는 볼 수 없는 특징이 있습니다. 첫째로 예부터 전해내려 오는 중국어 표현이 많다는 점인데, 예를 들어 어떤 한 상황에서 중국인들이 실제로 쓰는 성어나 속담, 고정 격식 등이 그러합니다. 둘째로 고급화된 표현을 강조하기 위해 회화에는 구어적인 표현을 많이 싣고 본문에는 주제에 맞춰 책과 신문 또는 텔레비전에 자주 나오는 서면어를 담아 학습자들이 좀더 유창하고 고급화된 표현을 말할 수 있게 하였습니다. 셋째로 학습자의 약점일 수 있는 곳에 초점을 맞추어 어법상 틀린 부분 찾기라는 학습을 통해 올바른 어법을 지도하고 훈련하도록 하였습니다. 필자는 다년간 한국 학생들을 가르친 경험이 있기 때문에, 중국어를 말할 때 항상 출현하는 문제들을 종합적으로 모아 설명하고 연습할 수 있도록 하였고, 또 이렇게 하여 회화 실력 향상에 도움이 되고 학습자들이 新HSK6급(고급)에 도움이 될 수 있도록 하였습니다.

본 교재의 집필과 출판의 과정에서 JRC 중국어학원의 김효정 원장님과 여러 선생님들, 동료들의 도움이 있었기에 이번 기회를 빌어 감사의 말씀을 드립니다. 집필 중 불가피하게 오류와 부족한 점이 있는 것에 대해 여러분들의 고귀한 의견을 진심으로 기대하고 받아들여 이 책이 좀더 나아질 수 있도록 반영하겠습니다.

JRC 중국어연구소·쩡쯔쥔

이 책의 차례

머리말   004
이 책의 차례   006
이 책의 구성   008

chapter 01 성공
成功者需要什么? 성공한 사람은 무엇이 필요가?   012
- 会话 怎样的人生才算成功
- 课文 双赢
- 어법 长江后浪推前浪 | 求爷爷告奶奶 | 一根筋 | 敌不过 | 什么+A+不+A+的 | (只)不过……罢了 | 换脑筋 | 条条大路通罗马
- 작문 成功的看法

chapter 02 애정
爱情是什么? 사랑은 무엇인가?   028
- 会话 说不尽的爱情
- 课文 爱情与金钱
- 어법 三个女人一台戏 | 机不可失, 时不再来 | 睁一只眼闭一只眼 | 老太太过年——一年不如一年 | 赶早不赶晚 | 敲警钟 | 男大当婚, 女大当嫁 | 吃后悔药
- 작문 择偶标准

chapter 03 문화 습관
入乡随俗 로마에 가면 로마법을 따라야 한다   044
- 会话 到什么山上唱什么歌
- 课文 尴尬时刻
- 어법 摸不着头脑 | 手头不方便 | 摆在桌面上 | 打开天窗说亮话 | 倒胃口 | 吃也不是, 不吃也不是 | 到什么山上唱什么歌
- 작문 如何入乡随俗

chapter 04 여가생활
我的业余生活 나의 여가생활   060
- 会话 八小时以外的天地
- 课文 选择我的生活方式
- 어법 使出浑身解数 | 与其说+A, 不如说+B | 没有什么大不了 | 减不减肥的倒无所谓 | 身教重于言教 | 心里没底 | 心痒痒 | 我前脚抛, 它后脚就涨了
- 작문 如何利用业余时间

chapter 05 집과 차
房奴与车奴 집의 노예와 차의 노예   076
- 会话 我的家 我的梦
- 课文 爱"拼"才会赢
- 语法 买房经 | 猴年马月 | 没戏 | 分水岭 | 站在+A+这边 | 水涨船高 | 能+A+就+A | 打肿脸充胖子
- 作文 如何合理消费

chapter 06 사교
大圈子 小圈子 큰 범위와 작은 범위   092
- 会话 多个朋友多条路
- 课文 人情消费——是情还是债?
- 语法 咱们都是谁跟谁 | 记着记着就忘了 | 摸着石头过河 | 三点一线 | 泡汤 | 三寸不烂之舌 | 多个朋友多条路 | 日久见人心
- 作文 如何适当处理友情与爱情关系

chapter 07 타임머신
时光机器 타임머신   108
- 会话 如果回到十年前
- 课文 人生的黄金期
- 语法 弹指一瞬间 | 十年河东,十年河西 | 三句话不离本行 | 有钱能使鬼推磨 | 英雄难过美人关 | 树欲静而风不止,子欲养而亲不待 | 少壮不努力,老大徒伤悲 | 活到老,学到老
- 作文 你喜欢的电视节目

chapter 08 모던시대
摩登时代 모던시대   124
- 会话 如果生活中没有……
- 课文 白领最痛恨的"四大发明"
- 语法 忙得不可开交 | 这叫什么事啊 | 十五个吊桶打水——七上八下 | 当回事 | 工欲善其事,必先利其器 | 乱了套 | 说句良心话 | 作鸟兽散
- 作文 广告利弊

 정답 및 해석   142

찾아보기   170

이 책의 구성

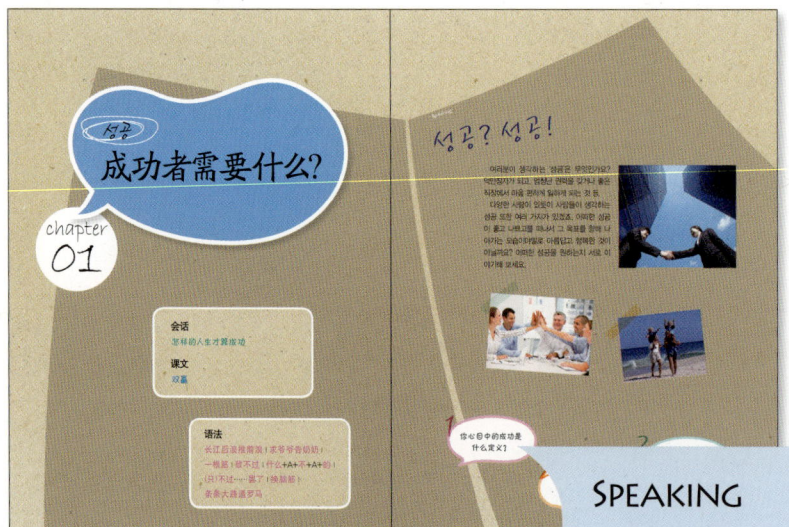

SPEAKING

스피킹 워밍업!
각 과의 주제를 좀더 흥미 있게 공부할 수 있도록 미리 서로의 경험을 이야기해 보세요.

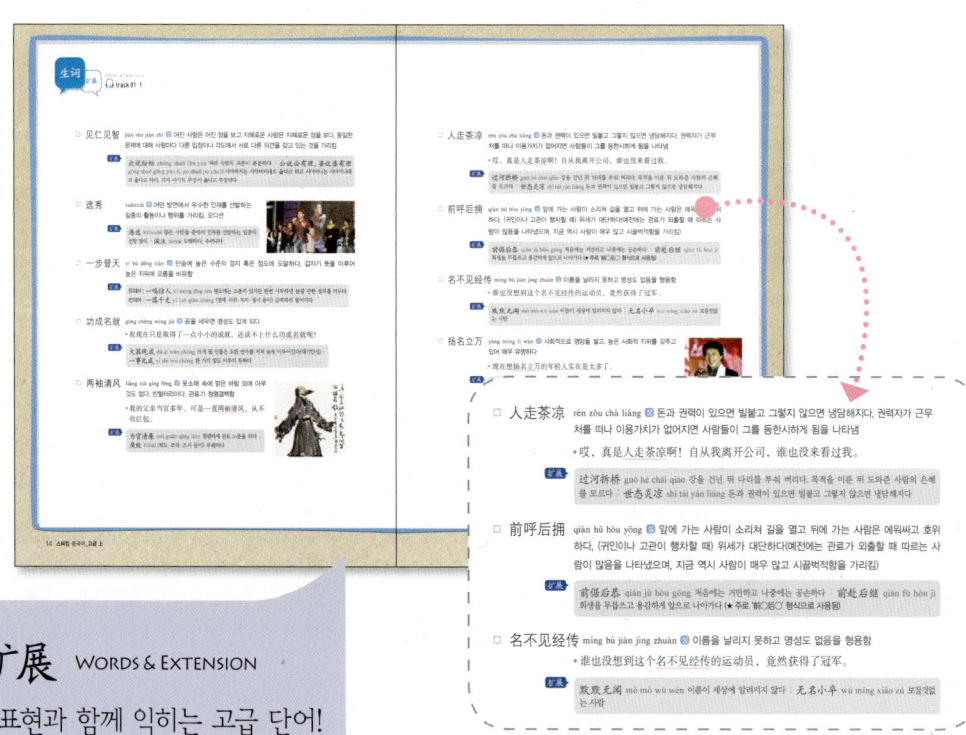

生词·扩展 WORDS & EXTENSION

예문, 확장 표현과 함께 익히는 고급 단어!
예문과 확장 표현을 통해 더욱 효과적으로
단어를 익힐 수 있어요.

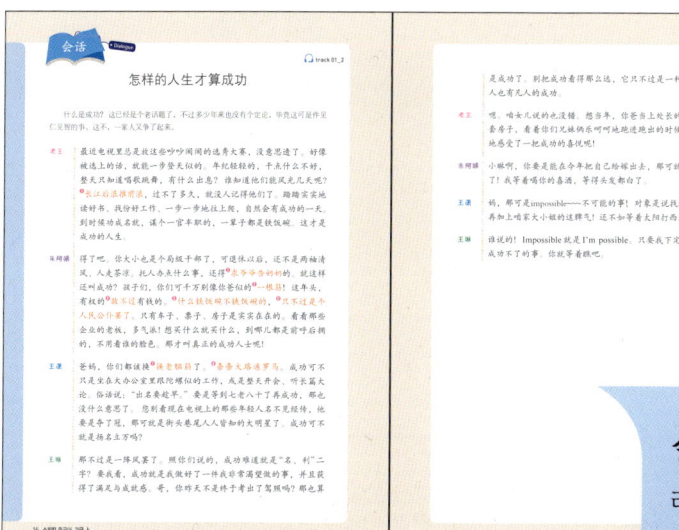

会话 DIALOGUE

라오왕 가족의 생생한 중국 생활기!
다양한 주제와 상황으로 구성된 생생한 회화가 고급 중국어 실력으로 끌어올려 줘요.

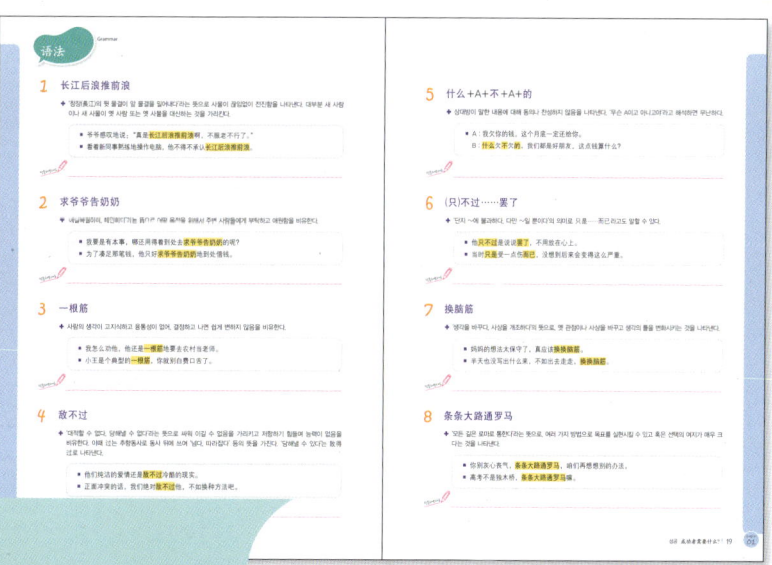

语法 GRAMMAR

스피킹에 꼭 필요한 어법만 쏙쏙!
고급 스피킹에 꼭 필요한 주요 표현 위주로 설명하며 이해를 돕기 위한 예문을 추가했어요.

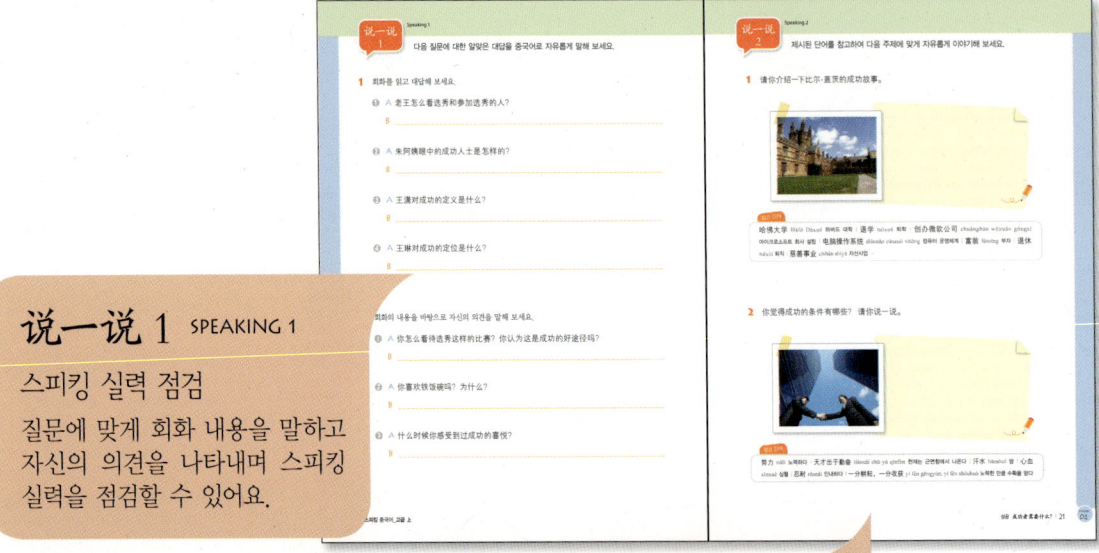

说一说 1 SPEAKING 1

스피킹 실력 점검

질문에 맞게 회화 내용을 말하고 자신의 의견을 나타내며 스피킹 실력을 점검할 수 있어요.

说一说 2 SPEAKING 2

도전 고급 스피킹!

제시된 사진과 참고 단어를 활용하여 자신의 의견을 자유자재로 표현해 보세요.

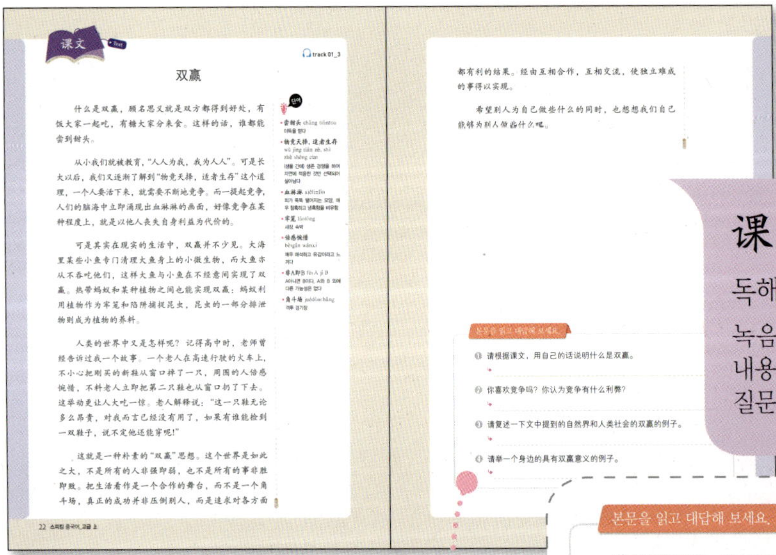

课文 TEXT

독해력 기르기!

녹음을 듣고 소리 내어 읽으며 글의 내용을 파악하고, 제대로 이해했는지 질문에 답해 보세요.

본문을 읽고 대답해 보세요.

1. 请根据课文，用自己的话说明什么是双赢。
2. 你喜欢竞争吗? 你认为竞争有什么利弊?
3. 请复述一下文中提到的自然界和人类社会的双赢的例子。
4. 请举一个身边的具有双赢意义的例子。

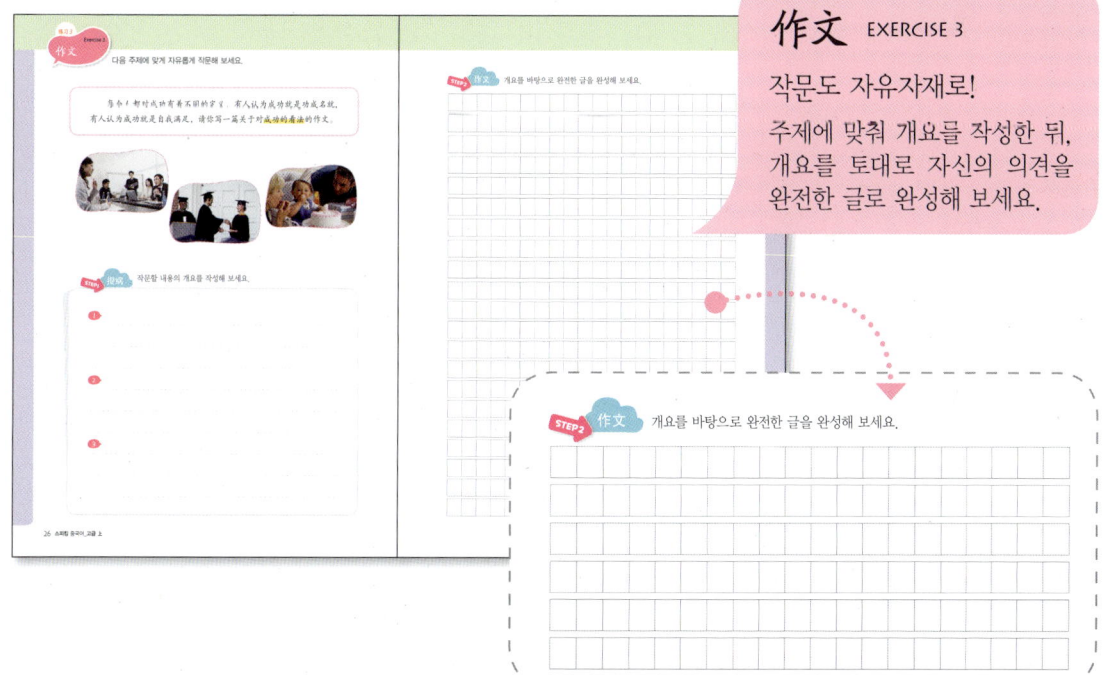

写一写 EXERCISE 1

어법과 단어 다지기!
틀린 문장 고치기와 빈칸 채우기 문제로
어법과 단어를 복습할 수 있어요.

听和说 EXERCISE 2

듣기와 말하기를 동시에!
녹음을 듣고 받아쓴 뒤 질문에 답하며,
듣기와 말하기를 함께 훈련할 수 있어요.

作文 EXERCISE 3

작문도 자유자재로!
주제에 맞춰 개요를 작성한 뒤,
개요를 토대로 자신의 의견을
완전한 글로 완성해 보세요.

成功者需要什么?

성공

chapter 01

会话
怎样的人生才算成功

课文
双赢

语法
长江后浪推前浪 | 求爷爷告奶奶 | 一根筋 | 敌不过 | 什么+A+不+A+的 | (只)不过……罢了 | 换脑筋 | 条条大路通罗马

Speaking

성공? 성공!

여러분이 생각하는 '성공'은 무엇인가요? 억만장자가 되고, 엄청난 권력을 갖거나 좋은 직장에서 마음 편하게 일하게 되는 것 등.

다양한 사람이 있듯이 사람들이 생각하는 성공 또한 여러 가지가 있겠죠. 어떠한 성공이 좋고 나쁘고를 떠나서 그 목표를 향해 나아가는 모습이야말로 아름답고 행복한 것이 아닐까요? 어떠한 성공을 원하는지 서로 이야기해 보세요.

1. 你心目中的成功是什么定义?

2. 介绍一名你眼中的成功人士。

3. 你觉得为了成功,应该怎么做?

生词 扩展 Words & Extension
track 01_1

☐ **见仁见智** jiàn rén jiàn zhì 성 어진 사람은 어진 점을 보고 지혜로운 사람은 지혜로운 점을 보다. 동일한 문제에 대해 사람마다 다른 입장이나 각도에서 서로 다른 의견을 갖고 있는 것을 가리킴

> 扩展
> **众说纷纭** zhòng shuō fēn yún 여러 사람의 의론이 분분하다 | **公说公有理，婆说婆有理** gōng shuō gōng yǒu lǐ, pó shuō pó yǒu lǐ 시아버지는 시아버지대로 옳다고 하고 시어머니는 시어머니대로 옳다고 하다. 각자 자기의 주장이 옳다고 주장하다

☐ **选秀** xuǎnxiù 명 어떤 방면에서 우수한 인재를 선발하는 일종의 활동이나 행위를 가리킴. 오디션

> 扩展
> **海选** hǎixuǎn 많은 사람들 중에서 인재를 선발하는 일종의 선발 방식 | **淘汰** táotài 도태하다, 추려내다

☐ **一步登天** yí bù dēng tiān 성 단숨에 높은 수준의 경지 혹은 정도에 도달하다. 갑자기 뜻을 이루어 높은 지위에 오름을 비유함

> 扩展
> 유의어: **一鸣惊人** yì míng jīng rén 평소에는 조용히 있지만 한번 시작하면 놀랄 만한 성과를 거두다
> 반의어: **一落千丈** yí luò qiān zhàng (명예·지위·처지·정서 등이) 급격하게 떨어지다

☐ **功成名就** gōng chéng míng jiù 성 공을 세우면 명성도 있게 되다

• 我现在只是取得了一点小小的成就，还谈不上什么<u>功成名就</u>呢！

> 扩展
> **大器晚成** dà qì wǎn chéng 크게 될 인물은 오랜 연마를 거쳐 늦게 이루어진다(대기만성) | **一事无成** yí shì wú chéng 한 가지 일도 이루지 못하다

☐ **两袖清风** liǎng xiù qīng fēng 성 옷소매 속에 맑은 바람 외에 아무 것도 없다. 빈털터리이다, 관료가 청렴결백함

• 我的父亲当官多年，可是一直<u>两袖清风</u>，从不收红包。

> 扩展
> **为官清廉** wéi guān qīng lián 청렴하게 관료 노릇을 하다 | **腐败** fǔbài (제도·조직·조치 등이) 부패하다

☐ **人走茶凉** rén zǒu chá liáng 성 돈과 권력이 있으면 빌붙고 그렇지 않으면 냉담해지다. 권력자가 근무처를 떠나 이용가치가 없어지면 사람들이 그를 등한시하게 됨을 나타냄

- 哎，真是人走茶凉啊！自从我离开公司，谁也没来看过我。

扩展 | 过河拆桥 guò hé chāi qiáo 강을 건넌 뒤 다리를 부숴 버리다. 목적을 이룬 뒤 도와준 사람의 은혜를 모르다 | 世态炎凉 shì tài yán liáng 돈과 권력이 있으면 빌붙고 그렇지 않으면 냉담해지다

☐ **前呼后拥** qián hū hòu yōng 성 앞에 가는 사람이 소리쳐 길을 열고 뒤에 가는 사람은 에워싸고 호위하다. (귀인이나 고관이 행차할 때) 위세가 대단하다(예전에는 관료가 외출할 때 따르는 사람이 많음을 나타냈으며, 지금 역시 사람이 매우 많고 시끌벅적함을 가리킴)

扩展 | 前倨后恭 qián jù hòu gōng 처음에는 거만하고 나중에는 공손하다 | 前赴后继 qián fù hòu jì 희생을 무릅쓰고 용감하게 앞으로 나아가다 (★ 주로 '前○后○' 형식으로 사용됨)

☐ **名不见经传** míng bú jiàn jīng zhuàn 성 이름을 날리지 못하고 명성도 없음을 형용함

- 谁也没想到这个名不见经传的运动员，竟然获得了冠军。

扩展 | 默默无闻 mò mò wú wén 이름이 세상에 알려지지 않다 | 无名小卒 wú míng xiǎo zú 보잘것없는 사람

☐ **扬名立万** yáng míng lì wàn 성 사회적으로 명망을 쌓고, 높은 사회적 지위를 갖추고 있어 매우 유명하다

- 现在想扬名立万的年轻人实在是太多了。

扩展 | 流芳百世 liú fāng bǎi shì 훌륭한 명성이 영원히 전해지다 | 遗臭万年 yí chòu wàn nián 악명을 오래도록 후세에 남기다

怎样的人生才算成功

什么是成功？这已经是个老话题了，不过多少年来也没有个定论，毕竟这可是件见仁见智的事。这不，一家人又争了起来。

老王 最近电视里总是放这些吵吵闹闹的选秀大赛，没意思透了。好像被选上的话，就能一步登天似的。年纪轻轻的，干点什么不好，整天只知道唱歌跳舞，有什么出息？谁知道他们能风光几天呢？❶长江后浪推前浪，过不了多久，就没人记得他们了。踏踏实实地读好书、找份好工作、一步一步地往上爬，自然会有成功的一天。到时候功成名就，谋个一官半职的，一辈子都是铁饭碗。这才是成功的人生。

朱阿姨 得了吧。你大小也是个局级干部了，可退休以后，还不是两袖清风、人走茶凉。托人办点什么事，还得❷求爷爷告奶奶的。就这样还叫成功？孩子们，你们可千万别像你爸似的❸一根筋！这年头，有权的❹敌不过有钱的。❺什么铁饭碗不铁饭碗的，❻只不过是个人民公仆罢了。只有车子、票子、房子是实实在在的。看看那些企业的老板，多气派！想买什么就买什么；到哪儿都是前呼后拥的，不用看谁的脸色。那才叫真正的成功人士呢！

王潇 爸妈，你们都该换❼换老脑筋了。❽条条大路通罗马。成功可不只是坐在大办公室里跟陀螺似的工作，或是整天开会、听长篇大论。俗话说："出名要趁早。"要是等到七老八十了再成功，那也没什么意思了。您别看现在电视上的那些年轻人名不见经传，他要是夺了冠，那可就是街头巷尾人人皆知的大明星了。成功可不就是扬名立万吗？

王琳 那不过是一阵风罢了。照你们说的，成功难道就是"名、利"二字？要我看，成功就是我做好了一件我非常渴望做的事，并且获得了满足与成就感。哥，你昨天不是终于考出了驾照吗？那也算是成功了。别把成功看得那么远，它只不过是一种感受而已。凡人也有凡人的成功。

老王　嗯。咱女儿说的也没错。想当年，你爸当上处长的时候，分了这套房子，看着你们兄妹俩乐呵呵地跑进跑出的时候，还真是好好地感受了一把成功的喜悦呢！

朱阿姨　小琳啊，你要是能在今年把自己给嫁出去，那可就是大大的成功了！我等着喝你的喜酒，等得头发都白了。

王潇　妈，那可是impossible~~~不可能的事！对象是说找就能找到的吗？再加上咱家大小姐的这脾气！还不如等着太阳打西边出来呢。

王琳　谁说的！Impossible 就是 I'm possible。只要我下定决心，绝没有成功不了的事。你就等着瞧吧。

Grammar

1 长江后浪推前浪

+ '창장(長江)의 뒷 물결이 앞 물결을 밀어내다'라는 뜻으로 사물이 끊임없이 전진함을 나타낸다. 대부분 새 사람이나 새 사물이 옛 사람 또는 옛 사물을 대신하는 것을 가리킨다.

- 爷爷感叹地说：''真是长江后浪推前浪啊，不服老不行了。''
- 看着新同事熟练地操作电脑，他不得不承认长江后浪推前浪。

2 求爷爷告奶奶

+ '애걸복걸하다, 애원하다'라는 뜻으로 어떤 목적을 위해서 주변 사람들에게 부탁하고 애원함을 비유한다.

- 我要是有本事，哪还用得着到处去求爷爷告奶奶的呢?
- 为了凑足那笔钱，他只好求爷爷告奶奶地到处借钱。

3 一根筋

+ 사람의 생각이 고지식하고 융통성이 없어, 결정하고 나면 쉽게 변하지 않음을 비유한다.

- 我怎么劝他，他还是一根筋地要去农村当老师。
- 小王是个典型的一根筋，你就别白费口舌了。

4 敌不过

+ '대적할 수 없다, 당해낼 수 없다'라는 뜻으로 싸워 이길 수 없음을 가리키고 저항하기 힘들며 능력이 없음을 비유한다. 이때 过는 추향동사로 동사 뒤에 쓰여 '넘다, 따라잡다' 등의 뜻을 가진다. '당해낼 수 있다'는 敌得过로 나타낸다.

- 他们纯洁的爱情还是敌不过冷酷的现实。
- 正面冲突的话，我们绝对敌不过他，不如换种方法吧。

5 什么＋A＋不＋A＋的

+ 상대방이 말한 내용에 대해 동의나 찬성하지 않음을 나타낸다. '무슨 A이고 아니고야'라고 해석하면 무난하다.

> - A：我欠你的钱，这个月底一定还给你。
> - B：什么欠不欠的，我们都是好朋友，这点钱算什么？

6 (只)不过……罢了

+ '단지 ~에 불과하다. 다만 ~일 뿐이다'의 의미로 只是……而已 라고도 말할 수 있다.

> - 他只不过是说说罢了，不用放在心上。
> - 当时只是受一点伤而已，没想到后来会变得这么严重。

7 换脑筋

+ '생각을 바꾸다, 사상을 개조하다'의 뜻으로, 옛 관점이나 사상을 바꾸고 생각의 틀을 변화시키는 것을 나타낸다.

> - 妈妈的想法太保守了，真应该换换脑筋。
> - 半天也没写出什么来，不如出去走走，换换脑筋。

8 条条大路通罗马

+ '모든 길은 로마로 통한다'라는 뜻으로, 여러 가지 방법으로 목표를 실현시킬 수 있고 혹은 선택의 여지가 매우 크다는 것을 나타낸다.

> - 你别灰心丧气，条条大路通罗马，咱们再想想别的办法。
> - 高考不是独木桥，条条大路通罗马嘛。

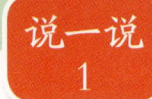

Speaking 1

다음 질문에 대한 알맞은 대답을 중국어로 자유롭게 말해 보세요.

1 회화를 읽고 대답해 보세요.

① A 老王怎么看选秀和参加选秀的人？
　 B _____

② A 朱阿姨眼中的成功人士是怎样的？
　 B _____

③ A 王潇对成功的定义是什么？
　 B _____

④ A 王琳对成功的定位是什么？
　 B _____

2 회화의 내용을 바탕으로 자신의 의견을 말해 보세요.

① A 你怎么看待选秀这样的比赛？你认为这是成功的好途径吗？
　 B _____

② A 你喜欢铁饭碗吗？为什么？
　 B _____

③ A 什么时候你感受到过成功的喜悦？
　 B _____

Speaking 2

제시된 단어를 참고하여 다음 주제에 맞게 자유롭게 이야기해 보세요.

1 请你介绍一下比尔·盖茨的成功故事。

> 참고 단어
>
> 哈佛大学 Hāfó Dàxué 하버드 대학 | 退学 tuìxué 퇴학 | 创办微软公司 chuàngbàn wēiruǎn gōngsī 마이크로소프트 회사 설립 | 电脑操作系统 diànnǎo cāozuò xìtǒng 컴퓨터 운영체계 | 富翁 fùwēng 부자 | 退休 tuìxiū 퇴직 | 慈善事业 císhàn shìyè 자선사업

2 你觉得成功的条件有哪些？请你说一说。

> 참고 단어
>
> 努力 nǔlì 노력하다 | 天才出于勤奋 tiāncái chū yú qínfèn 천재는 근면함에서 나온다 | 汗水 hànshuǐ 땀 | 心血 xīnxuè 심혈 | 忍耐 rěnnài 인내하다 | 一分耕耘，一分收获 yì fēn gēngyún, yì fēn shōuhuò 노력한 만큼 수확을 얻다

双赢

 track 01_3

什么是双赢，顾名思义就是双方都得到好处，有饭大家一起吃，有糖大家分来食。这样的话，谁都能尝到甜头。

从小我们就被教育，"人人为我，我为人人"。可是长大以后，我们又逐渐了解到"物竞天择，适者生存"这个道理，一个人要活下来，就需要不断地竞争。而一提起竞争，人们的脑海中立即涌现出血淋淋的画面，好像竞争在某种程度上，就是以他人丧失自身利益为代价的。

可是其实在现实的生活中，双赢并不少见。大海里某些小鱼专门清理大鱼身上的小微生物，而大鱼亦从不吞吃他们，这样大鱼与小鱼在不经意间实现了双赢。热带蚂蚁和某种植物之间也能实现双赢：蚂蚁利用植物作为牢笼和陷阱捕捉昆虫，昆虫的一部分排泄物则成为植物的养料。

人类的世界中又是怎样呢？记得高中时，老师曾经告诉过我一个故事。一个老人在高速行驶的火车上，不小心把刚买的新鞋从窗口掉了一只，周围的人倍感惋惜，不料老人立即把第二只鞋也从窗口扔了下去。这举动更让人大吃一惊。老人解释说："这一只鞋无论多么昂贵，对我而言已经没有用了，如果有谁能捡到一双鞋子，说不定他还能穿呢！"

这就是一种朴素的"双赢"思想。这个世界是如此之大，不是所有的人非强即弱，也不是所有的事非胜即败。把生活看作是一个合作的舞台，而不是一个角斗场，真正的成功并非压倒别人，而是追求对各方面

단어

- 尝甜头 cháng tiántou
  이득을 얻다
- 物竞天择, 适者生存
  wù jìng tiān zé, shì zhě shēng cún
  (생물 간에) 생존 경쟁을 하여 자연에 적응한 것만 선택되어 살아남다
- 血淋淋 xiělínlín
  피가 뚝뚝 떨어지는 모양, 매우 참혹하고 냉혹함을 비유함
- 牢笼 láolóng
  새장, 속박
- 倍感惋惜 bèigǎn wǎnxī
  매우 애석하고 유감이라고 느끼다
- 非A即B fēi A jí B
  A아니면 B이다, A와 B 외에 다른 가능성은 없다
- 角斗场 juédòuchǎng
  격투 경기장

都有利的结果。经由互相合作，互相交流，使独立难成的事得以实现。

希望别人为自己做些什么的同时，也想想我们自己能够为别人做些什么吧。

본문을 읽고 대답해 보세요.

① 请根据课文，用自己的话说明什么是双赢。
↳

② 你喜欢竞争吗？你认为竞争有什么利弊？
↳

③ 请复述一下文中提到的自然界和人类社会的双赢的例子。
↳

④ 请举一个身边的具有双赢意义的例子。
↳

练习1 / Exercise 1 写一写

다음 빈칸에 알맞은 답을 중국어로 써 보세요.

1 다음 문장에서 틀린 곳을 찾아 바르게 고쳐 보세요.

❶ 放心吧，我一定能到那儿到得很早。

　→ _____

❷ 我真讨厌听别人唠叨的。

　→ _____

❸ 我的坏习惯是常常发抖我的脚。

　→ _____

❹ 我试一试皮鞋以后，决定不买了。

　→ _____

❺ 市场的东西比超市不太贵。

　→ _____

2 앞뒤 문맥에 근거하여 빈칸에 적절한 한자를 써 보세요.

> 　　人类的世界中又是怎样呢？记得高中时，老师❶_____告诉过我一个故事。一个老人在高速❷_____的火车上，不小心把刚买的新鞋从窗口掉了一只，周围的人倍感❸_____，不料老人❹_____把第二只鞋也从窗口扔了下去。❺_____更让人大吃一惊。老人解释说："这一只鞋无论多么昂贵，对我而言已经没有用了，如果有谁能❻_____一双鞋子，说不定他还能穿呢！"

❶ _____　❷ _____　❸ _____

❹ _____　❺ _____　❻ _____

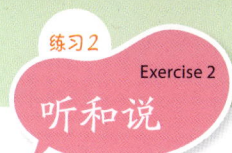

练习2 / Exercise 2 听和说

녹음을 잘 듣고 다음 문제를 풀어 보세요.

1 잘 듣고, 빈칸을 채운 후 큰 소리로 읽어 보세요. 🎧 track 01_4

> 　　松下幸之助到一家餐厅用餐，_____。结果牛排_____，_____。这时，松下对助手说："你去把厨师找来。"助手心想："_____。"厨师_____地来到松下的面前，问道："先生，是不是我的牛排做得不好？"松下幸之助笑着对厨师说："我就是_____，所以才_____。当这份牛排给退回厨房的时候，你和你的同伴就一定会这样认为的。其实你的牛排做得很好，_____，很是_____；只不过我是个70岁的老人，所以我只能吃五分之一，_____。_____，我还想_____。"
> 　　如果你是那位厨师，_____？这不单是一种_____，同时也让身边的人_____，正是由于拥有_____，他能创立松下电器帝国_____。

2 잘 듣고, 다음 질문에 대답해 보세요. 🎧 track 01_5

❶ A 松下先生在餐厅点了什么？都吃完了吗？
　 B _____

❷ A 厨师来的时候，心情怎么样？
　 B _____

❸ A 松下先生为什么要把厨师找来？
　 B _____

❹ A 通过这件事，我们可以知道松下先生有什么特点？
　 B _____

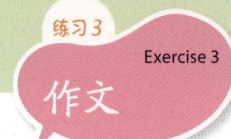

Exercise 3

다음 주제에 맞게 자유롭게 작문해 보세요.

每个人都对成功有着不同的定义，有人认为成功就是功成名就，有人认为成功就是自我满足，请你写一篇关于对成功的看法的作文。

STEP1 提纲 작문할 내용의 개요를 작성해 보세요.

1.

2.

3.

STEP 2 作文 개요를 바탕으로 완전한 글을 완성해 보세요.

爱情是什么?

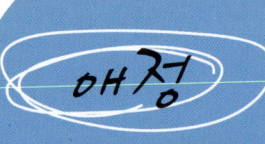

chapter 02

会话
说不尽的爱情

课文
爱情与金钱

语法
三个女人一台戏 | 机不可失,时不再来 |
睁一只眼闭一只眼 |
老太太过年——一年不如一年 |
赶早不赶晚 | 敲警钟 |
男大当婚,女大当嫁 | 吃后悔药

Speaking

사랑의 종류

'사랑'이라고 하면 남녀 사이의 뜨거운 사랑만을 떠올리는 경우가 대부분이죠. 그러나 조금만 더 생각해 보면 남녀 사이의 사랑 외에도 여러 가지 사랑이 있음을 알 수 있어요. 늘 헌신적인 부모와 자식 간의 사랑, 늘 마음이 편안한 형제 간의 사랑, 함께하면 즐거운 친구 간의 사랑, 함께 있으면 천하무적인 동료 간의 사랑, 언제나 충성! 조국과 민족에 대한 사랑이 있답니다.
여러분의 사랑에 대한 의견을 말해 보세요.

1. 说说你的恋爱经历。

2. 你认为早结婚好还是晚结婚好?

3. 说说你的梦中情人是什么样的?

生词 扩展 Words & Extension
track 02_1

☐ **准** zhǔn 〈부〉 반드시, 틀림없이(추측하고 예상하는 데 주로 사용되며 확신하거나 보증하는 어기를 나타냄)
- 他准是因为昨晚喝酒，所以今天没来。

扩展 | 准定 zhǔndìng 반드시 | 准保 zhǔnbǎo 틀림없이

☐ **门当户对** mén dāng hù duì 〈성〉 결혼하려는 남녀 두 집안의 사회적 지위와 경제상황이 비슷하고 혼사를 맺기에 적합하다

扩展 | 첫 번째와 세 번째, 두 번째와 네 번째 글자가 유의어인 성어 구조 :
说三道四 shuō sān dào sì 이러쿵 저러쿵 말이 많다 | 交头接耳 jiāo tóu jiē ěr 귀에 입을 대고 소곤거리다

☐ **卿卿我我** qīng qīng wǒ wǒ 〈성〉 남녀 간에 서로 사랑하고 매우 사이가 좋음을 형용함
- 那对恋人卿卿我我的样子，搞得车厢里别的乘客十分尴尬。

扩展 | 恩恩爱爱 ēn ēn ài ài 부부간의 금실이 좋다 | 天长地久 tiān cháng dì jiǔ 영원히 변하지 않다

☐ **奔** bèn 〈동〉 곧장 가다, 나아가다(뒤에 나이를 붙일 경우, 어떤 연령에 가까워진다는 뜻을 갖음)

扩展 | 奔三 bèn sān 곧 서른 살이 되다 | 奔着……去…… bènzhe……qù…… ~을 향해 나아가다

☐ **委曲求全** wěi qū qiú quán 〈성〉 아쉬운 대로 참고 견디어 온전함을 바라다, 전반적인 국면을 위해서 양보함, 자신의 뜻을 굽히면서 일을 성사시키려 함을 가리킴
- 为了保住这份工作，他即使在公司受了气，也只能委曲求全。

扩展 | 유의어 : 低声下气 dī shēng xià qì 고분고분하고 조심하는 모양
반의어 : 不卑不亢 bù bēi bú kàng 비굴하지도 거만하지도 않다

- 水到渠成　shuǐ dào qú chéng 성 물살이 도착하는 곳에 자연스럽게 형성되는 수로(물길), 조건이 갖추어지면 일은 자연스럽게 이루어질 수 있음을 비유함
    - 他的实力和努力，大家都看在眼里，这次升他作经理也是水到渠成的事。

    扩展　유의어: 顺理成章 shùn lǐ chéng zhāng 이치에 맞으면 문장이 이루어진다, 이치에 맞아 저절로 잘 풀리다
    　　　반의어: 功败垂成 gōng bài chuí chéng 성공 직전에 실패하다

- 出类拔萃　chū lèi bá cuì 성 같은 무리에서 특별히 뛰어나다, 주로 사람의 인품이나 재능을 가리킴

    扩展　유의어: 鹤立鸡群 hè lì jī qún 닭의 무리 가운데 우뚝 서 있다(군계일학)
    　　　반의어: 碌碌无能 lù lù wú néng 평범하고 무능하다

- 望而却步　wàng ér què bù 성 보기만 하고 뒷걸음질을 치다, 위험이나 곤란 또는 자신의 역량으로 해낼 수 없는 일을 당했을 때 뒷걸음질을 치다
    - 那家商店的东西特别贵，让不少消费者望而却步。

    扩展　유의어: 望而生畏 wàng ér shēng wèi 보기만 해도 두려워하다
    　　　반의어: 勇往直前 yǒng wǎng zhí qián 용감하게 앞으로 나아가다

- 剩女　shèngnǚ 명 골드미스, 늘씬한 키, 고학력, 고소득의 고연령 미혼 여성

    扩展　剩男 shèngnán 노총각 | 三高女性 sān gāo nǚxìng 학력이 높고 수입이 많으며 직위가 높은 여성 | 白骨精 báigǔjīng 화이트칼라(白领), 핵심(骨干), 걸출한 인물(精英)을 합친 것의 줄임말

说不尽的爱情

　　俗话说，❶<u>三个女人一台戏</u>，何况一群女人要是凑在一块，那话题准离不了爱情。这不，办公室午休的时候，王琳和女同事们聊得正热闹呢。

秘书 听说营销部的刘祥离婚了，而且是他老婆提出的。到底是怎么回事呀？结婚才没几个月，怎么说离就离了？他们俩可是自由恋爱，又不是什么相亲认识的，婚姻基础照理说不错呀。

会计 问题就出在这自由恋爱上了，要是相亲认识的倒好了。好像是双方的家庭条件太悬殊，女方家庭就是看不上刘祥的农村出身。这一来二去的，矛盾可不就越积越多了嘛。要不怎么有个成语叫"门当户对"呢。结婚光有两个人卿卿我我的爱情可不行，家庭背景、经济条件等等都是不得不考虑的"硬件"问题。

前台 要我说，没有面包的玫瑰，开不了多久就会枯萎；只有面包没有玫瑰，面包也终有一天会吃厌。每个人的爱情都不一样，幸福都是自己把握的。两个人一起努力的话，总有一天玫瑰也会有的，面包也会有的。

会计 年轻人就是单纯哪！不过也好，趁着年轻，睁大眼睛好好挑挑！❷<u>机不可失，时不再来</u>啊！要是结了婚，就只能❸<u>睁一只眼闭一只眼</u>了。

秘书 只怕是挑花了眼，反而耽误了时间，❹<u>老太太过年——一年不如一年</u>。我的一个朋友大学毕业时，立志要找个白马王子。长相、个子、职业、存款、性格什么的没有不被挑到的。可是挑了一圈，一个也没看中。一转眼，她也奔三了，成了大龄青年后，轮到她被别人挑了。

王琳 结婚又不是买菜，有什么❺<u>赶早不赶晚</u>的？我倒挺羡慕那些30多岁的"三高"女性，拥有高学历、高收入、高职位，不被家务、孩子

|会计|拖累，过着多姿多彩的生活。爱情对她们来说，不是委曲求全，而是水到渠成。

会计　那我可得给你敲❻敲警钟了。就是因为她们太出类拔萃，做她们的另一半压力太大，所以男人们反而望而却步了。❼男大当婚，女大当嫁，要是"圣女"真的变成了"剩女"，那❽吃后悔药也来不及了。

秘书　（一看表）都一点半了！咱们开会也快来不及啦！

1 三个女人一台戏

✚ '여자 셋이 모이면 연극이 한 편'이라는 뜻의 속담으로 여자들이 한담하길 잘해서 몇 명이 모여 이야기를 하면 매우 시끄럽다는 것을 비유한다.

- 怪不得俗话说：“三个女人一台戏”，这几个女生一见面就有说不完的话。
- 办公室里都是女人，三个女人一台戏，整天说别人闲话。

2 机不可失，时不再来

✚ '기회는 놓치면 다시 오지 않는다'라는 뜻의 성어이다. 비슷한 속담으로 '过了这村没这店(이 마을을 지나면 묵을 곳이 없다)'도 있다.

- 你可得抓住这次难得的机会，机不可失，时不再来啊！
- 机不可失，时不再来，到时候你可别后悔。

3 睁一只眼闭一只眼

✚ '한쪽 눈을 뜨고, 한쪽 눈을 감다'의 뜻으로, 좋지 않거나 마땅하지 않은 일에 대해 모르는 척하다는 의미이다. '熟视无睹(늘 보면서도 못 본 것처럼 하다)'라는 유의어가 있다.

- 丈夫有外遇的事，她除了睁一只眼闭一只眼以外，还能怎么办呢？
- 那么多闲事，你管得过来吗？算了，还是睁只眼闭只眼吧。

4 老太太过年——一年不如一年

✚ '노부인이 설을 쇠듯이 해마다 더 나빠지다'라는 뜻의 성어로 생활, 건강 등의 상황이 갈수록 좋지 않음을 뜻한다. '每况愈下(상황이 갈수록 나빠지다)'라는 유의어가 있다.

- 自从过了五十岁以后，我这身体就是老太太过年——一年不如一年了。
- 以前，你常给我送礼物，可是现在呢，真是老太太过年——一年不如一年了。

5 赶早不赶晚

+ '시간이 아직 이른 틈을 타 빨리 처리하여 늦지 않도록 하다'의 뜻으로, 종종 사람을 설득하거나 스스로 서둘러 일찌감치 행동하는 것을 나타낸다.

- 赶早不赶晚，你还是早点动身吧，免得遇上堵车，误了飞机。
- 孩子留学的事还得趁早做好准备，赶早不赶晚嘛，到时候手头也方便点儿。

6 敲警钟

+ '경종을 울리다'의 뜻으로 사람들에게 경계하고 조심하라고 일깨워 줄 때 사용한다.

- 这次儿童失踪事件向人们敲响了保护儿童人身安全的警钟。
- 上次模拟考试开了红灯，真是给我敲了个警钟，看样子得好好复习才行啊。

7 男大当婚，女大当嫁

+ '남자는 어른이 되면 장가를 가고, 여자는 어른이 되면 시집을 가는 것이 마땅하다'의 뜻으로, 종종 다른 사람의 결혼 문제에 관심을 가질 때 그들에게 조언하는 말로 사용된다.

- 男大当婚，女大当嫁嘛，你都这么大了，找个男朋友干嘛还瞒着家里人？
- 孩子呀，男大当婚，女大当嫁，你总是这么打光棍，也不是个事儿呀！

8 吃后悔药

+ '후회의 약을 먹다'는 뜻으로, 후회해도 소용없으며 (시간이 부족하여) 손쓸 틈이 없음을 나타낸다.

- 不听老人言，吃亏在眼前，我劝你还是别干了，要不然到时候你肯定没后悔药吃。
- 事到如今，说什么也晚了，吃后悔药也来不及了。

 Speaking 1

다음 질문에 대한 알맞은 대답을 중국어로 자유롭게 말해 보세요.

1 회화를 읽고 대답해 보세요.

① A 刘祥离婚的原因是什么？
　 B _____

② A 结婚时需要的"硬件"包括哪些？
　 B _____

③ A 请复述一下秘书的大学朋友的恋爱经历。
　 B _____

④ A "三高"女性指的是哪"三高"？
　 B _____

2 회화의 내용을 바탕으로 자신의 의견을 말해 보세요.

① A 你觉得自由恋爱和相亲各有什么利弊？
　 B _____

② A 你重视门当户对吗？为什么？
　 B _____

③ A 挑选恋爱、结婚对象时，你重视哪些"硬件"和"软件"？
　 B _____

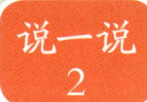

Speaking 2

제시된 단어를 참고하여 다음 주제에 맞게 자유롭게 이야기해 보세요.

1 请谈谈你的初恋史。

참고 단어

动心 dòng xīn 마음이 동요되다 | 梦中情人 mèngzhōng qíngrén 이상형 | 表白 biǎobái 고백하다 | 一见钟情 yí jiàn zhōng qíng 첫눈에 반하다

2 请你介绍一下梁山伯与祝英台的爱情故事。

참고 단어

经人介绍 jīng rén jièshào 중매의 소개로 | 自由恋爱 zìyóu liàn'ài 자유연애 | 暗恋 ànliàn 남몰래 사랑하다 | 日久生情 rì jiǔ shēng qíng 시일이 지나 정이 생기다 | 相濡以沫 xiāng rú yǐ mò 곤경 속에서 서로 의지하고 돕다

爱情与金钱

一位女友偶遇一位英俊的帅哥，两人刚撞上之时简直一见钟情。但不出几日，女友发现帅哥一个致命的缺点——凡涉及金钱关系时，帅哥就一脸藏也藏不住的小家子气，最让女友受不了的是，帅哥竟连做做样子都不肯，从没见他掏出过钱包。如此几次，女友心里的爱情已去了大半，随后坚决了断了这场美丽的邂逅。

另一位女友常喜滋滋地向我展示她老公买给她的发卡、耳环等一堆不起眼的小东西，有时我轻描淡写地说，这样的东西小铺子里有一堆，至于高兴成这样吗？她说，不一样的，他送我小礼物，说明他心中有我。花他的钱，让我快乐、幸福，有成就感。

花不花男人的钱，花多少男人的钱，这个历史遗留到今天的问题，一直和爱与不爱纠缠在一起。感性的女人，最终总会把爱的温情落实到看得见、摸得着的物质上，花男人的钱，证明彼此相爱，没有间隙，反之，则两人还有着距离。就这样，物质似乎成了衡量爱情坚贞与否的重要标签。

爱情与金钱，当然不能混为一谈。但是，不能否认，爱情与金钱多多少少有着千丝万缕的联系。

有人说女人花男人的钱，跟他们的交往状态很有关系：

如果女人不爱那个男人，对于男人为她花钱，通常采取两种处理方式：其一，是贪心的女人，虽然不爱对方，但对于钱是来者不拒的；其二，是诚实的女人，既然不爱，就不想花对方的钱，不想欠对方人情。

단어

- **涉及** shèjí
  관련되다, 연관되다
- **小家子气** xiǎojiāziqì
  행동거지가 어색하고 대범하지 못하다, 돈을 쓰는 방면에서 소심하고 인색하다
- **邂逅** xièhòu
  우연히 만나다
- **轻描淡写** qīng miáo dàn xiě
  말을 하거나 문장을 쓸 때 문제를 가볍게 여기다
- **纠缠** jiūchán
  서로 한데 얽히고 연결되어 있다
- **千丝万缕** qiān sī wàn lǚ
  양자 간의 관계가 밀접하고 복잡하게 얽혀있다
- **来者不拒** lái zhě bú jù
  온 사람 혹은 보내온 물품에 대해 일절 거절하지 않다
- **游刃有余** yóu rèn yǒu yú
  숙련되고 경험이 있으며 문제를 해결하는 데 조금도 힘이 들지 않다

如果女人对男人只是有些意思，便只会适当地接受男人为她花的一些钱。

如果女人爱上了男人，便会快乐地花她所爱男人的钱，觉得那是很幸福的事。

如果女人深爱着那个男人，便会在男人为她花钱时想到要如何为男人省钱，不再喜欢男人胡乱地花费了。

不知道现在的你是哪种女人或是哪种男人呢？无论如何希望你做一位进退皆有分寸，情场和钱袋都游刃有余的人。

본문을 읽고 대답해 보세요.

① 请描述一下文中两位女友的故事。

② 如果你是男生，你愿意为女友花钱吗？如果你是女生，你愿意花男友的钱吗？

③ 你同意文中提到的关于不同时期女人花钱的不同方式的说法吗？

④ 你认为爱情和金钱有着什么样的联系呢？

练习 1 写一写 / Exercise 1

다음 빈칸에 알맞은 답을 중국어로 써 보세요.

1 다음 문장에서 틀린 곳을 찾아 바르게 고쳐 보세요.

① 韩国泡菜可以买在英国。
　→ _____

② 父母常说孩子："吃多吃好。"
　→ _____

③ 你很合适穿这件衣服。
　→ _____

④ 我的汉语比他不太流利。
　→ _____

⑤ 我很好中国电影。
　→ _____

2 앞뒤 문맥에 근거하여 빈칸에 적절한 한자를 써 보세요.

> 花不花男人的钱，花多少男人的钱，这个历史❶_____到今天的问题，一直和爱与不爱❷_____在一起。感性的女人，最终总会把爱的温情❸_____到看得见、摸得❹_____的物质上，花男人的钱，证明彼此相爱，没有❺_____，反之，则两人还有着距离。就这样，物质似乎成了衡量爱情坚贞与否的重要❻_____。

① _____　② _____　③ _____
④ _____　⑤ _____　⑥ _____

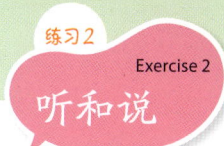

Exercise 2

녹음을 잘 듣고 다음 문제를 풀어 보세요.

1 잘 듣고, 빈칸을 채운 후 큰 소리로 읽어 보세요.　🎧 track 02_4

　　有一天，儿子问父亲＿＿＿＿＿＿，父亲就叫他先到麦田里，摘一棵全麦田里最大最＿＿＿＿的麦穗。其间＿＿＿＿＿＿，并且只可以＿＿＿＿＿，＿＿＿＿＿。于是儿子照着他的话做了。结果，他＿＿＿＿＿＿＿。父亲问他为什么，他说："即使见到一棵又大又金黄的，因为＿＿＿＿＿＿＿，所以没有摘；走到前面时，又发觉＿＿＿＿＿＿＿，于是，我＿＿＿＿＿。"父亲说："这就是爱情。"

　　之后又有一天，儿子问父亲＿＿＿＿＿＿，父亲叫他先到树林里，砍下一棵全树林最大最＿＿＿的树。其间同样＿＿＿＿＿＿，以及同样只可以向前走，不能回头。儿子于是照着父亲的话做了。这次，他带了一棵＿＿＿＿，不是＿＿＿＿，＿＿＿＿＿＿的树回来。父亲问他，怎么带这么棵普普通通的树回来，他说："有了上一次的经验，当我＿＿＿＿＿＿，还＿＿＿＿时，看到这棵树也不太差，便砍了下来，＿＿＿＿＿＿，最后＿＿＿＿＿。"父亲说："这就是婚姻。"

2 잘 듣고, 다음 질문에 대답해 보세요.　🎧 track 02_5

① A 儿子问了父亲两个什么问题？
　 B ＿＿＿＿＿＿＿＿＿＿＿＿＿＿＿＿＿＿＿

② A 第一次父亲在麦田里提出了什么要求？结果儿子怎么样？
　 B ＿＿＿＿＿＿＿＿＿＿＿＿＿＿＿＿＿＿＿

③ A 第二次父亲在森林里提出了什么要求？结果儿子怎么样？
　 B ＿＿＿＿＿＿＿＿＿＿＿＿＿＿＿＿＿＿＿

④ A 父亲为什么这样做？这个故事说明了什么道理，请用自己的话解释一下。
　 B ＿＿＿＿＿＿＿＿＿＿＿＿＿＿＿＿＿＿＿

练习 3 / Exercise 3 作文

다음 주제에 맞게 자유롭게 작문해 보세요.

> 选择结婚对象时，外貌、性格、学历、能力、家庭背景等等，你更看重哪一方面？请你写一篇关于择偶标准的作文。

STEP1 提纲 작문할 내용의 개요를 작성해 보세요.

1.

2.

3.

STEP2 作文 개요를 바탕으로 완전한 글을 완성해 보세요.

入乡随俗

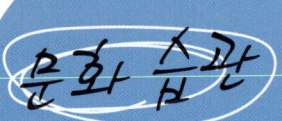

chapter 03

会话
到什么山上唱什么歌

课文
尴尬时刻

语法
摸不着头脑 | 手头不方便 | 摆在桌面上 |
打开天窗说亮话 | 倒胃口 |
吃也不是,不吃也不是 |
到什么山上唱什么歌

Speaking

차이와 이해

사회적 동물인 사람은 자라온 환경, 생활하는 구성원에 따라 다른 성향이나 습관을 보이기도 하죠. 외국 생활을 해 본 적이 있다면 더욱 분명히 느꼈을 거예요. 어린아이의 머리를 쓰다듬는 것은 실례라든지, 존댓말과 반말의 구별 없이 어른을 부르거나 하는 경우를 보면 우리와는 많이 다르다는 생각이 들겠죠. 그렇지만 다르다고 치부해버리기 보다는 어떻게 다르고 왜 다른지 좀더 적극적으로 알아보고 이해하려는 노력이 필요하답니다.

서로 다른 문화에 대해 이야기해 보세요.

1. 你知道中国有什么特别的风俗吗？说说看。

2. 你去外国时，有什么不习惯的吗？

3. 请介绍一些韩国特有的风俗。

生词 扩展 Words & Extension track 03_1

☐ **拐弯抹角** guǎi wān mò jiǎo 성 꼬불꼬불한 길을 따라 가다, (길을) 빙빙 돌아가다, 말이나 글을 빙빙 돌려서 함을 비유함
- 别跟我拐弯抹角的了！有什么事就直说吧！

> 扩展
> 반의어: 直截了当 zhí jié liǎo dàng 단도직입적으로
> 유의어: 支支吾吾 zhī zhī wú wú 얼버무리다, 둘러대다

☐ **寒暄** hánxuān 명 만났을 때 서로 안부를 묻고 날씨에 대해 이야기하는 등의 (상투적인) 인사말을 가리킴

> 扩展
> 안부를 물을 때 종종 쓰이는 어휘: 幸会 xìnghuì 만나 뵙게 되어 반갑습니다 | 久仰 jiǔyǎng 존함은 오래 전부터 들었습니다

☐ **洗耳恭听** xǐ ěr gōng tīng 성 귀를 씻고 공손하게 듣다, 귀를 기울여 듣겠습니다. 진지하게 다른 사람이 하는 말을 듣는 모습을 형용함
- 欢迎各位指教，我一定洗耳恭听。

> 扩展
> 겸손을 나타내는 어휘: 不耻下问 bù chǐ xià wèn 자신보다 학식이 낮은 사람에게 묻는 것을 수치스럽게 생각하지 않다 | 不骄不躁 bù jiāo bú zào 교만하거나 조급해하지 않다

☐ **东拉西扯** dōng lā xī chě 성 동쪽과 서쪽으로 잡아당기다, 말에 두서가 없다, 말을 하거나 글을 쓸 때 이렇게 말했다 저렇게 말했다하면서 맥락이 뚜렷하지 않고 중심이 없다

> 扩展
> 东张西望 dōng zhāng xī wàng 여기저기 두리번거리다 | 东奔西走 dōng bēn xī zǒu 동분서주하다
> (★ '东○西○'는 성어를 구성하는 형식으로 '도처' 혹은 '함부로'라는 뜻임)

☐ **逐客令** zhúkèlìng 명 축객령, 손님을 쫓아내는 말(종종 동사 '下'와 함께 사용함)

> 扩展
> 下禁令 xià jìnlìng 금지령을 내리다 | 下通缉令 xià tōngjīlìng 지명 수배령을 내리다

☐ **撕破脸皮** sīpò liǎnpí 두 사람의 관계가 급격히 악화되고 아무 것도 거리낄 것이 없게 되었음을 형용함
- 因为是好朋友，我也不好意思撕破脸皮叫他还钱。

> 扩展　厚着脸皮 hòuzhe liǎnpí 염치불구하고 ｜ 不要脸 búyàoliǎn 뻔뻔스럽다, 부끄러움을 모르다

☐ **细嚼慢咽** xì jiáo màn yàn 성 밥 먹을 때 잘게 씹고 천천히 삼켜야 쉽게 소화된다. 학습에 있어서도 꼼꼼히 생각하고 진지하게 이해해야 머릿속에 맹목적으로 필요없는 지식을 집어넣어서는 안된다는 것을 형용함
- 不管是吃饭还是学知识，细嚼慢咽才能消化好。

> 扩展　먹는 것과 관련된 어휘 : 狼吞虎咽 láng tūn hǔ yàn 게걸스럽게 먹다 ｜ 囫囵吞枣 hú lún tūn zǎo 기계적으로(무비판적으로) 받아들이다

☐ **举重若轻** jǔ zhòng ruò qīng 성 무거운 물건을 가벼운 물건 들 듯하다. 능력이 좋아서 힘겨운 일을 능히 감당할 수 있거나 곤란한 문제를 수월하게 처리할 수 있음을 비유함

> 扩展　냉정하고 침착하게 사건을 처리하는 것을 나타내는 성어 :
> 面不改色 miàn bù gǎi sè 얼굴빛 하나 변하지 않다, 위기 상황에서도 태연자약하다 ｜ 处变不惊 chǔ biàn bù jīng 심상치 않은 상황에 처해서도 태연자약하다

☐ **入乡随俗** rù xiāng suí sú 성 그 지방에 가면 그 지방의 풍속을 따라야 한다
- 我们到哪儿去旅行，都得注意入乡随俗。

> 扩展　水土不服 shuǐ tǔ bù fú 기후와 풍토가 맞지 않다, 물갈이 하다 ｜
> 一方水土养一方人 yìfāng shuǐtǔ yǎng yìfāngrén 각 지역의 구체적인 실정에 맞게 적절한 대책을 세우다

到什么山上唱什么歌

　　学期快要结束了，一些留学生凑了点钱，请指导老师王潇在学校附近的小饭馆吃饭。一边吃一边聊起了他们眼中的中国文化。

玛丽　王老师，刚来中国时，我还真是觉得不习惯。中国人说话和做事时，总是有点拐弯抹角、表里不一，让我❶摸不着头脑。有次一个朋友晚上突然来访，一番寒暄之后我洗耳恭听，想弄清他的来意。谁知道，这位朋友东拉西扯侃了一个多钟头，我还是搞不清他到底想说什么。时间太晚了，没办法我只好委婉地下了逐客令，这时他才开口说是最近❷手头不方便什么的。都是朋友，说声想借钱，何必绕这么大一个弯子呢！

王潇　这就是我们东方人特有的处世方式。我们是个比较含蓄的民族，如果直来直去的，把一切都❸摆在桌面上来说，很多时候是行不通的。那些委婉的做法其实都是出于礼貌。如果哪一天，大家真的"❹打开天窗说亮话"，那么不是双方撕破了脸皮，就是该摊牌的时候到了。

凯文　怪不得，我在机场也从来没看见过要分别的人们拥抱或者吻别什么的。我还听我的朋友说，他从来没对他的父母说过我爱你们之类的话，因为那太让人不好意思了。可是他即使到了三十岁还和父母住在一起，甚至打算成家后，还住在父母隔壁或同个小区，说是父母喜欢他这样。

王潇　其实中国人很重感情，只是不善于表达出来而已。"有朋自远方来，不亦乐乎"，可是再高兴也仅仅是握握手、拍拍肩膀而已。特别是对于父母，中国自古就有"父母在，不远游"的俗话。不是我们不愿意独立地生活，而是一家人经常热热闹闹地聚在一起，是对父母最大的安慰。

兴诛　这些我倒是都能理解，可是有时中国人什么事都慢慢来的态度让我挺着急的。送别的时候，说"慢走"，吃饭的时候得"细嚼慢咽"，自己吃完了还对别人说"慢吃"。甚至午饭以后，还会趴在桌子上午睡一会儿。这时候要是打电话找他，十有八九联系不到。中国人要是把生活节奏再加快一点就好了。

王潇　你可别小看这个"慢"字，它也是中国的一种文化。什么时候你能理解"慢"中包含的不急不缓、举重若轻的意义，那时你可就是真正的"中国通"了。

玛丽　除了文化上的差异，语言上的差异就更大了。就拿菜名来说吧，这是我来中国以后最大的难题。刚开始点菜时，看到菜单上用英语说明中国菜："四个高兴的肉团"、"在爬树的蚂蚁"、"流口水的鸡"等等，别提有多❺倒胃口啦！搞得我❻吃也不是，不吃也不是。不过，中国人翻译外国名词时，倒是挺有意思的。Carrefour变成了家庭快乐幸福的"家乐福"，耐克(Nike)包含了忍耐与克服的意义，连可乐的名字都成了蕴涵祝福的"百事可乐"。

王潇　对，翻译时不但得注意发音，还得传递出美好的意义。看来你们不但学会了一门新的语言，还逐渐了解了另一种文化。希望你们每到一个新地方，都能入乡随俗，❼到什么山上唱什么歌。来，让我们一起干一杯！

1 摸不着头脑

+ '영문을 모르다'라는 뜻으로 상황을 이해하지 못하고 속사정을 모르겠음을 비유한다. 여기에서 摸不着는 '종 잡을 수 없다, 찾아낼 수 없다'의 의미이다.

- 他总是突然发脾气，让我既委屈，又摸不着头脑。
- 你以后别再干这些让人摸不着头脑的事儿了。

2 手头不方便

+ 手头는 '주머니 사정'이라는 뜻이 있어 手头不方便은 경제 상황이 비교적 빠듯하다는 의미로 쓰인다. 종종 手头紧, 手头周转不开라고도 말한다.

- 我的钱都投进了股市，现在手头有点不方便。
- 要是手头不方便的话，尽管对我说，我们都是朋友嘛。

3 摆在桌面上

+ '탁자 위에 펼쳐 놓다'라는 뜻으로, 모든 것을 조금의 숨김도 없이 상대로 하여금 알게 한다는 의미이다.

- 谈判的时候，心里有底就行了，别把什么都摆在桌面上。
- 开会的时候，他们把所有的问题都摆在桌面上，好好谈了一次。

4 打开天窗说亮话

+ '천장을 열고 솔직하게 말하다'는 뜻으로, 조금의 숨김도 없이 마음속 말을 하거나 솔직하게 말하여 조금의 회피도 없다는 의미가 있다.

- 咱们还是打开天窗说亮话吧，你是不是对我哪儿不满意?
- 你别跟我绕弯子了，大家都是明白人，直接打开天窗说亮话吧。

5 倒胃口

✚ '느끼해서 비위에 거슬리다, 물리다'의 뜻으로 어떤 일에 대해 식상하고 싫증난 감정을 비유하기도 한다.

- 尽管他外貌出众，但是一开口说话就让人倒胃口。
- 电视里总是放这些无聊的连续剧，观众们已经倒尽了胃口。

6 吃也不是，不吃也不是

✚ 'A도 아니고, 그렇다고 B도 아니다'의 뜻으로 'A+也不是, B+也不是'의 형식으로 쓰인다. 그 중 A와 B는 종종 상반된 의미의 동사가 와야 한다. 이 문장형식은 이 동작을 하든 하지 않든 모두 난감하고 어떻게 해야 좋은지 모르겠음을 나타낸다.

- 孩子调皮又天真的样子，让我哭也不是，笑也不是。
- 我一推门，正看见他们俩在亲热，弄得我进去也不是，不进去也不是。

7 到什么山上唱什么歌

✚ '어느 산에 가면 그 산의 노래를 부른다'라는 뜻의 속담으로 구체적인 장소, 그곳의 상황과 풍속에 근거해서 적당한 행동을 취함을 비유한다. '入境随俗(로마에 가면 로마법을 따른다)'와 같은 의미이다.

- 别忘了你现在是在外国，到什么山上唱什么歌吧，别固执了。
- 小王跳槽后，很快学会了到什么山上唱什么歌，现在在新单位如鱼得水。

 Speaking 1

다음 질문에 대한 알맞은 대답을 중국어로 자유롭게 말해 보세요.

1 회화를 읽고 대답해 보세요.

① A 玛丽刚来中国时，遇到了什么让她"摸不着头脑"的事？
B _____

② A 中国人善于表达感情吗？请举文中的例子说明。
B _____

③ A 请复述一下文中提及的中国的"慢"文化。
B _____

④ A 中国人在翻译外国名词时，有什么讲究？请举例说明。
B _____

2 회화의 내용을 바탕으로 자신의 의견을 말해 보세요.

① A 你什么时候感受到了中国人的"慢"文化？你对"慢"的意义怎么理解？
B _____

② A 你曾经因为文化上的差异，发生过什么误会吗？
B _____

③ A 你在中国(外国)时，遇到的最大难题是什么？
B _____

Speaking 2

제시된 단어를 참고하여 다음 주제에 맞게 자유롭게 이야기해 보세요.

1 介绍一下韩国的就餐文化。

> 참고 단어
>
> 席地而坐 xí dì ér zuò 자리가 깔려 있는 바닥에 앉다 | 盘腿 pántuǐ 양반다리를 하다 | 端起饭碗 duānqǐ fànwǎn 밥그릇을 받쳐들다 | 勺子 sháozi 숟가락 | 筷子 kuàizi 젓가락

2 介绍一下韩国的饮酒礼节。

> 참고 단어
>
> 侧过身子 cèguò shēnzi 몸을 옆으로 돌리다 | 双手举杯 shuāngshǒu jǔ bēi 두 손으로 잔을 들다 | 一饮而尽 yì yǐn ér jìn (술이나 물을) 단숨에 다 마시다 | 倒酒 dào jiǔ 술을 따르다 | 交杯酒 jiāobēijiǔ 합환주(전통 혼례식에서 신랑 신부가 서로 잔을 바꾸어 마시는 술) | 合用杯子 héyòng bēizi 술잔 돌리기

尴尬时刻

刚到美国迈阿密时，从国际机场到我伯母家的路上，我吃惊地看到，干净、安静、行人很少的路上有时出现一两个穿着背心、短裤，甚至打赤膊的人。我停下来在餐厅排着队买快餐时，前面正排着一位年轻女子，身上只穿了三点式泳衣，害我尴尬得不知道往哪儿看好。我问表哥这是怎么回事，他回答说：穿着完全是个人的私事，这儿的人穿着一向很随便。

到了伯母家的那天晚上，吃过晚饭，我换上了一套真丝睡衣裤，看到后花园种了不少花草树木，便忍不住想去逛逛。没想到我的脚还没踏进花园，伯母就叫住了我："你这样的穿着是不能出房间的。"我不理解，她解释说："穿睡衣裤出门不雅观，虽然后花园是自己家，但是隔壁邻居都看得到，那样的话太失礼了。"我只好尴尬地回房间换了衣服。

过了几天，参加了一个小型宴会，大家坐着边吃边聊，气氛相当不错。席间都是一些高鼻子蓝眼睛的老外，其中一个人突然问我："你吃过猴子的脑子吗？听说中国人都生吃猴脑，那是真的吗？"话音没落，旁边的人也起劲地问："对了，听说还有蟑螂、蝎子等等之类的。"我一听就愣了，这些问题回答也不是，不回答也不是，尴尬地说不出话来。

最后几天，坐着地铁去拜访朋友的路上，遇到了几个可爱的孩子。他们看我穿着唐装风格的白衣白裤，好像十分新奇的样子。有个胆大一点的先过来和我打了招呼，便问道："先生，你认识成龙吗？你也会功夫吧？"

단어

- **打赤膊** dǎchìbó
  웃통을 벗다
- **三点式泳衣** sāndiǎnshì yǒngyī
  비키니. 상의와 하의가 분리된 여성의 분리식 수영복
- **雅观** yǎguān
  (옷차림, 행동거지가) 우아하고 고상하다(주로 부정문에 사용)
- **唐装** tángzhuāng
  중국 당나라 때의 복장(현재는 당나라 시기 복장의 특징을 갖춘 현대복장을 가리킴)
- **伴装** yǎngzhuāng
  ~인 척하다, 가장하다
- **遭遇** zāoyù
  (불행하거나 순조롭지 못한 일을) 우연히 만나다

孩子们甚至央求我表演几招给他们看看，看着他们天真的样子，和地铁里其他人注视的眼神，我只能佯装到站，匆匆地下了地铁。

　　人在异国，难免遭遇这样的尴尬时刻，尽管如此，我还是感受到了来自不同文化的魅力，也更明白了交流和理解的重要性。

본문을 읽고 대답해 보세요.

① 请复述一下文中提到的四个尴尬时刻。

② 你有过尴尬的瞬间吗？请谈一谈。

③ 你对中国的什么感到好奇？如果让你问中国人一个问题的话，你会问什么？

④ 在外国时，什么情况下能让你明显感觉到自己是个外国人？

练习1 写一写 Exercise 1

다음 빈칸에 알맞은 답을 중국어로 써 보세요.

1 다음 문장에서 틀린 곳을 찾아 바르게 고쳐 보세요.

① 你把话应该说清楚。
　→ _____

② 我们要注意听取跟自己合不来、看不惯的人的意见。
　→ _____

③ 在同学们的热心帮助下，使他的学习成绩迅速提高。
　→ _____

④ 12岁的小学五年级的一个学生，每天早上还得由他母亲来给他穿衣服。
　→ _____

⑤ 俗话说："逆水行舟，不进则退"，这个道理对我有了更深刻的认识。
　→ _____

2 앞뒤 문맥에 근거하여 빈칸에 적절한 한자를 써 보세요.

> 最后几天，坐着地铁去拜访朋友的路上，❶_____了几个可爱的孩子。他们看我穿着唐装❷_____的白衣白裤，好像十分新奇的样子。有个❸_____一点的先过来和我打了❹_____，便问道："先生，你认识成龙吗? 你也会功夫吧?"孩子们甚至❺_____我表演几招给他们看看，看着他们天真的样子，和地铁里其他人❻_____的眼神，我只能佯装到站，匆匆地下了地铁。

① _____　② _____　③ _____
④ _____　⑤ _____　⑥ _____

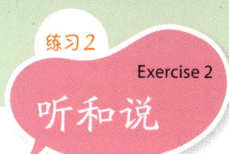

练习 2 Exercise 2 听和说

녹음을 잘 듣고 다음 문제를 풀어 보세요.

1 잘 듣고, 빈칸을 채운 후 큰 소리로 읽어 보세요.　🎧 track 03_4

> 　　来中国之前我就听说_____，到了中国我才明白为什么自行车_____，原来是_____。我到中国后第一辆自行车_____就丢了，第二辆_____——因为我买了旧车，但也只用了五个月。_____中，我丢的自行车_____。我觉得只需问问丢过几辆自行车，就可_____。我后来_____，车子越买越旧，丢了_____。朋友告诉我一个地方，_____。从第四辆开始我的车子都是在那里买的。但我其实是喜欢这个流转过程的，这让我_____。有人每天都换衣服，有人每年都换男朋友，我为什么不能每三个月换一次自行车呢？

2 잘 듣고, 다음 질문에 대답해 보세요.　🎧 track 03_5

❶ A 为什么中国自行车消费数量很大？
　 B _____

❷ A 为什么后来他丢了自行车也不心疼了？
　 B _____

❸ A 他喜欢这个流转过程的原因是什么？
　 B _____

❹ A 你曾经丢过什么珍贵的东西吗？
　 B _____

문화 습관 入乡随俗 | 57

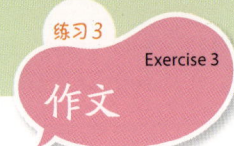

Exercise 3

다음 주제에 맞게 자유롭게 작문해 보세요.

你有过在外地或外国的生活经验吗？请结合自己的经验，写一篇关于在陌生的国家或地方，如何入乡随俗的作文。

STEP1 提纲 작문할 내용의 개요를 작성해 보세요.

1.

2.

3.

STEP2 作文 개요를 바탕으로 완전한 글을 완성해 보세요.

我的业余生活

chapter 04

会话
八小时以外的天地

课文
选择我的生活方式

语法
使出浑身解数 | 与其说+A，不如说+B |
没有什么大不了 | 减不减肥的倒无所谓 |
身教重于言教 | 心里没底 | 心痒痒 |
我前脚抛，它后脚就涨了

Speaking

여가 즐기기

주 5일제가 실시된 이후로 여가를 어떻게 보낼 것인가에서 어떻게 즐길 것인가로 사람들의 생각이 전환되었죠. 어떠한 활동으로 질 좋은 여가를 즐길 수 있는지가 요즘 사람들의 관심거리랍니다. 평소 보고 싶었던 책을 보거나 맛있는 먹을거리를 찾아 다니면서 즐기는 사람들에서부터 등산이나 여행 등 각종 레포츠를 즐기는 사람들까지 다양한 취미생활이 생겨났어요.
여러분은 어떻게 여가를 즐기고 있는지 이야기해 보세요.

1. 介绍一下你的业余生活。

2. 现在有没有什么流行的休闲活动？

3. 有机会的话，你想学什么新的技术？

生词

Words & Extension
🎧 track 04_1

☐ **虚拟** xūnǐ 명 허구, 가상, 사실에 부합하지 않거나 혹은 상상에 의거해서 창작된 상황, 과학기술의 발전에 의해 실현된 실물을 모방하는 기술을 가리킴

> 扩展: 虚拟空间 xūnǐ kōngjiān 가상 공간 | 虚拟货币 xūnǐ huòbì 가상 화폐

☐ **番** fān 양 차례, 횟수, 회를 가리키는 양사(동사 翻 뒤에서 배수를 표시하는데 翻一番은 '2배', 翻两番은 '4배'를 나타냄)
- 改革开放以后，人民的收入已经翻了好几番了。

> 扩展: 说了一番 shuō le yi fān 한 차례 말하다 | 翻了好几番 fān le hǎo jǐ fān 몇 배가 되다

☐ **朝气蓬勃** zhāo qì péng bó 성 활력이 넘치다, 패기가 넘치다. 생명과 활력이 충만함을 형용함
- 公司里来了一群朝气蓬勃的大学实习生。

> 扩展: 유의어 : 生龙活虎 shēng lóng huó hǔ 활력이 넘치다
> 반의어 : 老气横秋 lǎo qì héng qiū 노색이 완연하다, 활기가 없고 무기력하다

☐ **放手** fàng shǒu 동 손을 놓다, 손을 떼다, 물체를 잡은 손을 푸는 것을 가리키며 걱정 혹은 구속을 제거하는 것을 비유하기도 함
- 只要有信心，就放手去做吧。

> 扩展: 반의어 : 缩手缩脚 suō shǒu suō jiǎo 움츠리다, 우유부단하다 | 畏首畏尾 wèi shǒu wèi wěi 처음도 걱정되고 나중도 걱정된다, 소심하여 모든 것이 걱정된다

☐ **在于** zàiyú 동 ~에 달려있다, ~에 의해 결정되다, 마침 ~이다, 바로 ~이다
- 真正的成功不在于拥有多少财富，而在于幸福地度过每一天。

> 扩展: 一年之计在于春，一日之计在于晨 yì nián zhī jì zàiyú chūn, yí rì zhī jì zàiyú chén 일 년의 계획은 봄에 달려있고, 하루의 계획은 새벽에 달려있다

- [ ] 圆梦　　yuán mèng 통 꿈을 실현하다, 이상을 실현하다, 꿈을 풀이하다

  扩展　유의어 : 如愿以偿 rú yuàn yǐ cháng 소원이 이루어지다 ｜ 遂愿 suì yuàn 소원대로 되다

- [ ] 抛　　　pāo 통 던지다, 버리다, 포기하다, 내버려두다, 주식시장에서 저가로 대량 매출하는 것을 가리킴
  - 很多外国投资者大量抛售手中的股票，造成股市大跌。

  扩展　抛售 pāoshòu 덤핑판매하다 ｜ 抛空 pāokōng 공매매하다

- [ ] 割肉　　gē ròu 통 고기를 베어내다, 손해를 보며 팔다[주식 용어로, 고가로 주식을 사들인 후 크게 하락하여 계속적인 손실을 면하기 위해 저가로 손해 보면서 주식을 팔아 마치 자기 몸의 살을 잘라내는 것처럼 아픈 것을 가리킴]

  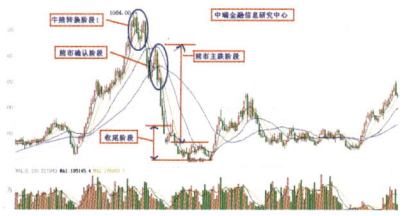

  - 虽然现在割肉抛售有点心疼，但总比最后一分钱也没剩下的好。

  扩展　牛市 niúshì 상승세인 주식시장 ｜ 熊市 xióngshì (주식시장의) 베어마켓, 하락장

八小时以外的天地

track 04_2

你一定听说过这样一句流传甚广的话："干起来就拼命地干，玩起来就痛快地玩"。的确在这个强调个性的时代，八小时以外的生活正变得越来越丰富多彩，甚至不少人玩的就是心跳。听听他们是怎么说的吧。

李博士(37岁，大学教师)

别人都问我："你是个智商挺高的人，怎么还爱跟中学生似的玩电脑游戏呢？"其实对我来说，玩电脑就是一种挑战和征服的感觉。在虚拟的空间里，❶使出浑身解数和网络那头不认识的人厮杀一番，对体力和智力都是一种锻炼。那一瞬间的成就感，就是我追求的乐趣。再说，玩电脑并不是什么幼稚的事。现在的互联网和电脑的发展，❷与其说是科学家研究的成果，不如说是由一批痴迷于电脑的年轻人"玩"出来的，其中的代表就是比尔·盖茨，听说他的第一个软件就是为下棋而编写的呢。

李小姐(25岁，公司白领)

别人常常无法将身材娇小的我与粗犷的越野车联系到一起。其实我爱上玩越野车也纯属偶然。两年前，因工作生活中的种种不顺让我感到心灰意冷，去旅游的途中无意中认识了几个越野爱好者，从那以后朝气蓬勃的越野运动便吸引了我。越野车所到之处，有的杂草长得比人还高，我就用车开出一条路来；有的地方是泥沼，好不容易通过之时，我都会感到无比自豪，感觉自己是个真正的英雄。人生有时可能就是这样，放手去做，其实并❸没有什么大不了的。

林女士(40岁，医生)

我每天除了忙工作就是照顾家庭，本来也没想到学什么芭蕾舞。只不过给女儿报了一个少儿芭蕾班后，在教室外，看着女儿跳舞的样子，我突然回忆起，其实我小时候也是有舞蹈梦的，只是当时条件没那么好，就忽略了。现在圆这个梦也不算晚啊。所谓生命在于运动，❹减不减肥的倒无所谓，我只是希望即使上了年纪，也能保持着年轻的体态和优雅的气质。再说，❺身教重于言教，我也能给孩子做个榜样，不是吗？

张先生(46岁，私营企业业主)

　　2006年的牛市让不少人加入了股民的行列，我也不例外。连打招呼的问候都从"吃饭了吗?"变成了"买股票了吗?"其实那时自己❻心里也没底，只是听信周围人和某些专家的推荐，便❼心痒痒地投入了自己多年的储蓄。虽然股市就是简单的数字跳动而已，但当你获了利，数字变成了钞票，也是很有成就感的。当然做为一个新股民，最为缺乏的就是经验，有时❽我前脚抛，它后脚就涨了，因此历经几番割肉之后，虽然钱包没有鼓起来，但是话说回来，平和的心态倒是给我的生活带来了意想不到的收获。

1 使出浑身解数

+ '모든 방법·수단·능력을 다 사용하다'라는 뜻의 관용어이다. 여기에서 使出는 '(힘이나 지식·솜씨 등을) 발휘하다, 쓰다'라는 의미의 동사이다.

■ 他使出浑身解数想吸引那个女孩的注意，可是人家连正眼都不看他一下。
■ 这次去海外进修的名额只有一个，全单位的人都使出浑身解数，想成为那个幸运的人。

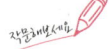

2 与其说＋A，不如说＋B

+ 'A라고 하기보다는 B라고 하기가 더욱 적합하다'라는 뜻이다.

■ 过度溺爱孩子，与其说是关心孩子，不如说是害孩子。
■ 这次能获得这个奖，与其说是我个人努力的结果，不如说是大家共同努力的成果。

3 没有什么大不了

+ '무슨 중요한 일이 아니다'라는 뜻이다. 반어의 형식으로 有什么大不了的？(무슨 대단할 것이 있겠어?)라고도 쓴다. 여기에서 大不了는 형용사로 '심각하다, 심하다'의 뜻이 있다.

■ 他听了后说："不就是丢了个钱包吗？没什么大不了的。"
■ 当时认为很重要的事，回过头再看的话，其实也没什么大不了的。

4 减不减肥的倒无所谓

+ 'A＋不＋A＋的倒无所谓'의 형태로 쓰여 'A하든 하지 않든 상관없다'의 뜻이다. 여기에서는 A를 그다지 중시하지 않는다는 의미가 내포되어 있으며 A자리에는 주로 형용사가 온다.

■ 男人嘛，个子高不高的倒无所谓，重要的是性格和能力怎么样。
■ 我买房子的时候，主要看地段和价钱，外观漂亮不漂亮的倒无所谓。

5 身教重于言教

✚ '자기의 행동으로 몸소 가르치는 것이야말로 교육하는 것보다 중요하다'는 뜻이다. 말보다 직접 실천하여 교육하는 것이 더욱 효과가 있다는 말이다.

- 虽说**身教重于言教**，可是看着孩子不争气的样子，还是忍不住教训了他一顿。
- 你是组长，**身教重于言教**，下面的人都会向你学习的。

6 心里没底

✚ '자신이 없고 확신할 수 없다'는 뜻이다. 이와 상반된 의미로 心里有底(마음속으로 자신이 있다)라는 표현으로도 말할 수 있다.

- 我把申请报告交上去了，但是经理到底批不批，我**心里没底**。
- 虽然我没有直接问过她，但是我**心里有底**，她肯定是站在我这边的。

7 心痒痒

✚ 痒痒은 '가렵다, 근질근질하다'의 뜻으로 心痒痒에는 '어떤 일이 하고 싶어서 못 견디다, 죽을 지경이다'라는 의미가 있다. 痒痒이 쓰이는 단어로는 手痒痒(손이 근질근질하다), 脚痒痒(발이 근질근질하다) 등이 있다.

- 看他们兴高采烈地准备旅行的东西，我的**心里真痒痒**，恨不得跟他们一起去。
- 刚学会开车的时候，看见车就忍不住**手痒痒**。

8 我前脚抛，它后脚就涨了

✚ 'A+前脚+V_1, B+后脚+V_2'의 형태로 쓰여 'A가 V_1을 막 다 끝냈을 때, B가 이어서 V_2를 하다', 'A가 V_1하자 B가 V_2하다'라는 뜻이다. 즉, 다른 개체의 다른 행동이 연이어 일어나는 것을 가리킨다.

- 等了老半天，他也没回来，没想到**我前脚走，他后脚就到了**，真是不凑巧。
- **我前脚刚打了他，他后脚就又犯了**，真是"江山易改，本性难移"啊！

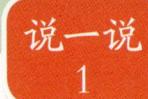

Speaking 1

다음 질문에 대한 알맞은 대답을 중국어로 자유롭게 말해 보세요.

1 회화를 읽고 대답해 보세요.

① A 李博士为什么喜欢玩电脑游戏？

　B _____

② A 李小姐是如何迷上越野车的？为什么她喜欢这种粗犷的运动？

　B _____

③ A 林女士的芭蕾梦是怎么再次燃起的？为什么她想学芭蕾？

　B _____

④ A 张先生是怎么加入股民行列的？成绩如何？

　B _____

2 회화의 내용을 바탕으로 자신의 의견을 말해 보세요.

① A 你认为玩电脑游戏有什么好处和坏处？

　B _____

② A 你怎么理解"干起来就拼命地干，玩起来就痛快地玩"这句话的含义？

　B _____

③ A 你怎么看"身教重于言教"这句话？请举例说明。

　B _____

Speaking 2

说一说 2

제시된 단어를 참고하여 다음 주제에 맞게 자유롭게 이야기해 보세요.

1 介绍一下一种最近在韩国比较盛行的业余活动。

참고 단어

露营 lùyíng 캠핑 | 帐篷 zhàngpeng 텐트 | 野外 yěwài 야외 | 山清水秀 shān qīng shuǐ xiù 산 좋고 물 맑다 | 烤肉 kǎoròu 고기를 굽다 | 畅谈 chàngtán 마음껏 이야기하다 | 亲近大自然 qīnjìn dàzìrán 대자연과 친해지다

2 介绍一下你的周末生活。

참고 단어

滚来滚去 gǔn lái gǔn qù 굴러다니다 | 享受私人时间 xiǎngshòu sīrén shíjiān 사적인 시간을 즐기다 | 香喷喷 xiāngpēnpēn 향긋하다 | 叫外卖 jiào wàimài 배달 주문하다 | 侃大山 kǎn dàshān 잡담하다

여가생활 我的业余生活

选择我的生活方式

　　结束了八个小时紧张而疲劳的工作，终于迎来了所有人期盼的业余时间。可是由于个性、生活理念、环境等原因，每个人都拥有自己不同的生活方式。可是如果家里的两口子生活方式不同的话，那过起日子来，就免不得会发生一些问题。让我们来看看，这具有代表性的小两口他们是怎么想的。

丈夫：小孙(30岁，外贸公司职员)

　　我是一个很注重生活感觉和品质的人，或许是因为我是双子座的关系，舒适和自由是我最为崇尚的生活方式。所以业余时间里，我不喜欢把自己的生活搞得太累。我觉得，每个人都不应该亏欠自己。平时过惯了有计划的生活，每一天的时间表都安排得满满的，到了该休息的时候，就该随性随意一点。所以跟我的妻子上紧发条似的生活不同，我爱在周末的午后去逛街，为看到各种新鲜事物而神采飞扬。或是静静地在小区石凳上，看着夕阳慢慢地落下。有时还会手握着一块钱的硬币，随意地坐上一辆公车，去发现这城市我未知的一面。在这个过程中，没有什么烦心的事打扰我，我可以安静地思考，尽情地享受属于自己的悠闲时光。在我看来，下一秒的决定下一秒去做，下一秒的世界下一秒再说。现在，只需要做好这一秒的自己就好了。

妻子：小陶(28岁，旅行社导游)

　　我一直信奉一句话："路是人走出来的，命运是自己决定的。"在这个激烈残酷的世界上，优胜劣汰就是

단어

- 理念 lǐniàn
  생각, 관점, 관념
- 崇尚 chóngshàng
  추종하다, 좋아하다
- 神采飞扬
  shén cǎi fēi yáng
  흥분해서 생기가 넘치는 모습, 득의양양하다
- 信奉 xìnfèng
  (이념이나 종교를) 신봉하다, 믿고 이행하다
- 不敢苟同
  bùgǎn gǒutóng
  '不同意(동의하지 않다)'의 예의 바른 표현
- 乘胜追击
  chéng shèng zhuī jī
  유리한 형세와 기회를 잡아 추격하다
- 掰 bāi
  (손으로) 물건을 쪼개다, 뜯다
- 孰优孰劣
  shú yōu shú liè
  (대상을 비교할 때) 누가 낫고 누가 더 못한가

唯一的生存法则。虽然有一些人，比如我的丈夫认为业余时间就是休息时间，但我不敢苟同。认为自己不够好，就要努力加油，认为自己不错，就更要乘胜追击！而业余时间就是最该好好利用起来的时间。设定好自己的目标，然后一点一滴地积累下去。上夜校、考证书、练外语等等，可做的实在太多了！我恨不得把每分钟掰成两半来用。说不累，那是不可能的。但是充实的感觉鼓舞着我一步一步地走下去，我相信最终的目的地一定是成功。

以上所述的两种业余生活方式，你觉得孰优孰劣呢？不管如何，适合自己的就是最好的。生活方式也是如此，保持一颗积极乐观的心，不白过生命中的每一分钟，那么谁都可以当自己命运的主人。

본문을 읽고 대답해 보세요.

① 请分别复述一下丈夫和妻子关于业余生活的想法有什么不同。

② 你更偏向于以上的哪种想法呢？

③ 你们家人的生活方式有什么相同和不同吗？

④ 你们周围有没有人生活得很有计划？

练习1 / Exercise 1
写一写

다음 빈칸에 알맞은 답을 중국어로 써 보세요.

1 다음 문장에서 틀린 곳을 찾아 바르게 고쳐 보세요.

① 论学习, 小燕比她哥强多了, 不仅比她哥学得扎实, 而且学得比她哥活。
   → _____

② 这种款式的上衣一上市, 就受到广大年轻人所欢迎。
   → _____

③ 难道这不都是说的我又是说谁呢?
   → _____

④ 工作再重再忙, 越要坚持学习, 不断更新知识。
   → _____

⑤ 他为了说明加强生态保护工作的重要性时, 特意举了国内外的许多实例。
   → _____

2 앞뒤 문맥에 근거하여 빈칸에 적절한 한자를 써 보세요.

> 我一直① _____一句话:"路是人走② _____的, 命运是自己决定的。"在这个激烈残酷的世界上, 优胜劣汰就是唯一的生存③ _____。虽然有一些人, 比如我的丈夫认为业余时间就是休息时间, 但我不敢④ _____。认为自己不够好, 就要努力加油, 认为自己不错, 就更要乘胜⑤ _____! 而业余时间就是最该好好利用起来的时间。设定好自己的目标, 然后一点一滴地⑥ _____下去。

① _____ ② _____ ③ _____
④ _____ ⑤ _____ ⑥ _____

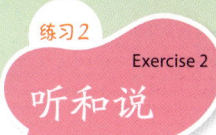

练习2 / Exercise 2

녹음을 잘 듣고 다음 문제를 풀어 보세요.

1 잘 듣고, 빈칸을 채운 후 큰 소리로 읽어 보세요.　　track 04_4

　　如今，_____已经不再是孩子们的_____，很多_____已经将使用儿童用品当成了一种_____。

　　据一家童装商店店主介绍，现在_____，童装也成了_____，而且很多_____的成年女性也_____，因此，成年消费者也成了_____。

　　另外从一些儿童玩具店了解到，很多成年消费者也是_____、_____。一位销售人员说："有一次，一个三十多岁的男士带着儿子来店里逛，最后买了两套_____，一套给儿子，一套给自己。"_____，一些聪明的设计师还在网上展示了_____的房屋装修方案等。

　　在百度上_____了一下还发现，有人为_____起了一个名字叫_____，这字由kid（孩童）和adult（即成年人）_____，指_____、_____。我听见的最_____的kidult_____是：长大真不好玩! 永远当个孩子，有多好!

2 잘 듣고, 다음 질문에 대답해 보세요.　　track 04_5

❶ A 童装店的店主介绍了一些什么情况？
　 B _____

❷ A 玩具店的销售人员遇到过什么情况？
　 B _____

❸ A Kidult是什么意思？他们有着什么样的想法？
　 B _____

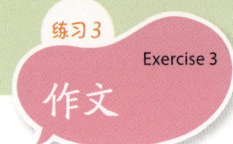

练习3 / Exercise 3
作文

다음 주제에 맞게 자유롭게 작문해 보세요.

业余时间看起来只是时间的"边角料",但是如果好好利用的话,它的作用是非常惊人的。请写一篇关于<mark>如何利用业余时间</mark>的作文。

STEP1 提纲 작문할 내용의 개요를 작성해 보세요.

1.

2.

3.

STEP2 作文 개요를 바탕으로 완전한 글을 완성해 보세요.

집과 차

房奴与车奴

chapter 05

会话
我的家 我的梦

课文
爱"拼"才会赢

语法
买房经 | 猴年马月 | 没戏 | 分水岭 | 站在+A+这边 | 水涨船高 | 能+A+就+A | 打肿脸充胖子

Speaking

자동차와 집

현대인들에게 가장 필요한 것을 꼽으라면 '자동차'와 '집'이 아닐까요? 바쁜 현대인들에게 이동에 편리함을 주는 자가용은 필수이고, 피로한 하루 일과에서 지친 몸과 마음의 안식처가 되어 주는 집 또한 꼭 필요하죠. 그렇기 때문에 대출과 빚의 힘을 빌려서까지 모두들 자동차와 집을 장만하려고 한답니다.

여러분은 자동차와 집이 삶의 필수품이라고 생각하시나요?

1 请说出几个关于"房屋"和"土地"的俗话或成语。
（例如故土难离、不留余地等）

2 你想先买车还是先买房？为什么？

3 介绍一下现在你住的地方。

生词
Words & Extension
🎧 track 05_1

☐ **自古有之** zìgǔ yǒu zhī 고대부터 이러한 견해·습관·생각 등이 있었다는 것을 나타냄
- "先成家, 后立业"的观念自古有之。

扩展 | 自古英雄出少年 zìgǔ yīngxióng chū shàonián 예로부터 영웅은 어릴 때 난다 | 人生自古谁无死 rénshēng zìgǔ shéi wú sǐ 자고로 사람은 다 죽는 법이다

☐ **加息** jiā xī 동 이자를 올리다, 현행 이자율을 (목적을 가지고) 향상시키는 행위

扩展 | 경제 관련 어휘 : 降息 jiàngxī 이율을 낮추다 | 泡沫 pàomò 거품

☐ **房奴** fángnú 명 집의 노예, 자신의 집을 사기 위해 은행에서 거액의 대출을 받아 기본적인 생활만 유지한 채 대부분을 대출금 상환으로 쓰며 힘들게 사는 사람을 가리킴
- 我宁可租间房子, 也决不想当房奴。

扩展 | 车奴 chēnú 차의 노예 | 负翁 fùwēng 빚쟁이

☐ **啃老** kěnlǎo 동 부모에게 의존해 살다, 부모에게 매달리다, 일부 젊은이가 취업하지 않고 집에서 쉬면서 의식주 모두를 부모에게 의지하는 것을 가리킴
- 听说今年很多大学生找不到工作, 只好在家啃老。

扩展 | 啃老族 kěnlǎozú 분가할 나이가 되어서도 부모님께 의지하는 무리, 캥거루족 | 尼特(NEET)族 nítèzú 니트족(Not in Employment, Education or Training의 줄임말로 일하지 않고 일할 의지도 없는 청년 무직자)

☐ **得不偿失** dé bù cháng shī 성 얻는 것보다 잃는 것이 많다, 얻은 이익이 손실을 변상하지 못하다
- 为了多赚点钱, 弄坏了身体, 可真是得不偿失啊!

扩展 | 因小失大 yīn xiǎo shī dà 작은 이익으로 인하여 큰 손실을 보다 | 划不来 huá bu lái 수지가 맞지 않다

- □ **而立之年** ér lì zhī nián 명 30세 혹은 30여 세(《论语·为政篇》의 기록으로부터 유래됨)

    扩展 不惑之年 búhuò zhī nián 40세(불혹, 미혹되지 않는 나이) | 知命之年 zhīmìng zhī nián 50세(지천명) | 花甲之年 huājiǎ zhī nián 60세(환갑) | 古稀之年 gǔxī zhī nián 70세(고희) | 耄耋之年 màodié zhī nián 70~80세 혹은 80~90세(노년)

- □ **飙** biāo 명 폭풍, 쏜살같이 빠르다는 의미가 있음
    - 前年股市飙升的时候，有些人一夜之间成了富翁。

    扩展 飙车 biāochē 매우 빠른 속도로 차를 몰다 | 飙升 biāoshēng (가격·수량 등이) 급증하다

- □ **居无定所** jū wú dìng suǒ 성 일정한 거처가 없다, 고정된 주거지 없이 사람이 정처 없이 배회함을 형용함

    扩展 四处漂泊 sìchù piāobó 사방을 정처없이 배회하다 | 颠沛流离 diān pèi liú lí 생활이 어려워 도처를 떠돌다

- □ **美其名曰** měi qí míng yuē 성 듣기 좋은 이름 또는 명칭을 가져다 붙이다
    - 他们美其名曰是去考察学习，其实就是花公款旅行一番。

    扩展 往好里说……往坏里说…… wǎng hǎoli shuō……wǎng huàili shuō…… 좋은 쪽으로 말해서 ~이고 나쁜 쪽으로 말해서 ~이다

- □ **桑拿天** sāngnátiān 명 답답하고 더워서 온몸에서 땀이 나는 날씨('사우나(sauna)'라는 어휘에서 은유법으로 만들어 낸 신조어)

    扩展 목욕 관련 어휘 : 洗桑拿 xǐsāngná 한증막 | 汗蒸房 hànzhēngfáng 찜질방

我的家 我的梦

　　古人云：耕者有其田，居者有其屋。中国人对土地和房屋的特殊情结自古有之，拥有属于自己的房子，一直是中国人最高的生活理想。学校里几位男老师，趁着休息时间，跑到吸烟室，一边抽烟，一边聊起了自己的"❶买房经"。

老李　唉，最近油价也升，粮价也涨，我那房子的贷款又要加息了。每月的银行账单无异于无形的鞭子，愁得我头发都要白了，估计再过两天，连烟也得数着抽才行。还是小王你轻松啊！

王潇　我就不明白了。为什么你愿意为一套房子做牛做马？太划不来了！我绝对不当"房奴"，而是租房的理由，首先是房价已经涨成了天价，买一套称心如意的房子，不啃老的话，❷猴年马月也❸没戏。第二，不买房子，可以把省下的钱买基金、炒股，让钱生钱，如果投资顺利的话，说不定房租就能赚回来了。第三，租房的好处是想在哪儿住就可以在哪儿租，比如说以后有了孩子上学，我们就可以选择到学区附近去租房住；如果工作单位有变动，我们也可以随之搬迁。这一点是有房子的人不能比的。再说，趁着年轻多学习充电，或是出去体验不同的生活，因为供一套房子而放弃了这一切，真是太得不偿失了。

老李　唉，你毕竟还年轻，真的到了而立之年，那就不一样了。所谓"安居"才能"乐业"，租房没有稳定感，还不知道租到哪天才是尽头。房价看样子还会持续狂飙下去，咱们这些普通老百姓如果不想被甩得更远，就只剩下"提前消费"这一条路。而且每月房租的钱差不多是房贷的钱，这经济上的账谁都算得来吧。另外，虽然现在的社会已经开放了许多，但社会对于租房者的偏见和歧视并没有消除，没有房子，就成了"居无定所"的人；外来人口、流动人口、暂住者那些字眼，听着就不顺耳。有房与无房，简直就成了社会地位和公民身份的❹分水岭。我可不想让我的孩子在学校里受到区别待遇。

小张　这点我倒是❺站在老李这边，可是为了一圆安居梦而背上沉重的负担，滋味也真不好受。不过我跟老李不同的是，我没选择10年的还款期限，而是20年。我觉得选择不同的按揭方式就是选择不同的生活方式。虽然跟分期10年比起来，得多付20%的利息，但是跟不敢跳槽、不敢娱乐、不敢旅游、甚至不敢生病，害怕银行加息，没有时间好好享受生活比起来，还是值得的。这叫花未来的钱，享受现在的生活。

小刘　你们都不错啦。我现在是吃后悔药也来不及了。当初一时脑子发热，买了一辆车，美其名曰提高生活质量，结果现在燃油价格一天一翻，停车、保险、保养的费用也❻水涨船高，害得我37度桑拿天都紧闭车窗不开空调，每次加油都心痛不已，保养周期❼能拖就拖。想想自己买得起却开不起，真是❽打肿脸充胖子。

　　一群男人听了这话，深有同感。于是不由得都深叹了一口气，低头抽烟，不再言语。

1 买房经

+ 여기서 经은 '경험'이라는 뜻으로 '실천에서 얻은 지식과 기능' 등의 의미를 가지므로, 买房经은 집을 사 본 경험, 즉 부동산 지식과 같은 것을 말한다. 经을 사용한 단어는 그 외에 育儿经(육아경), 财务经(재무경) 등이 있다.

- 朋友们都结婚生子了，聚会的时候三句话离不开育儿经。
- 通过炒房，他成了百万富翁，因此不少朋友都向他讨教买房经。

2 猴年马月

+ 성어로 '원숭이의 해, 말의 달'이라는 뜻이다. 불가능하거나 실현될 수 없는 것 혹은 알지 못하는 때를 비유한다. 驴年马月라고도 한다.

- 看着我慢吞吞地收拾行李箱的样子，妈妈忍不住地说："照你这个速度，猴年马月才能收拾完啊！"
- 王黎不满地对丈夫说："到底猴年马月，你们单位才给你分房啊！"

3 没戏

+ 형용사로 희망이 없고 불가능한 것을 가리킨다. 상반된 뜻으로 有戏라고 표현할 수 있다.

- 这么多人申请，就我这个条件，估计没戏。
- 妹妹平时学习方面就很拔尖，所以大家说她这次考重点高中肯定有戏。

4 分水岭

+ 원래 서로 반대되는 방향으로 나있는 산마루나 산맥을 가리키는데, 어떤 사실이나 사태가 발전하는 전환점을 비유적으로 이르는 말로 쓰인다.

- 婚姻是人生中最重要的一个分水岭。
- 对今天的女性来说，30岁已经不是一条生活的分水岭了。

5 站在＋A＋这边

✚ 'A의 입장에 서다, A를 지지하다'라는 의미로 사용된다.

- 刘岩拍着我的肩膀说："放心吧，不管发生什么事，我一定站在你这边。"
- 她被婆婆训了一顿，没想到丈夫也不站在她这边，让她更是火冒三丈。

6 水涨船高

✚ 성어로 '수위가 높아짐에 따라 선체 역시 따라 떠오르다'는 뜻이 있다. 비유적으로 '부대상황에 따라 자연스레 함께 변한다'는 의미로 쓰인다.

- 最近原材料的价格暴涨，所以超市里不少商品的价格也随之水涨船高。
- 他从一个小配角，慢慢地成了大明星，身价当然也是水涨船高了。

7 能＋A＋就＋A

✚ '가능하다면 A하다, 될 수 있는 대로 A하다'라는 의미로 쓰인다.

- 因为在家排行老大，所以从小妈妈就教育我，对弟妹能让就让着点儿。
- 今天是周末，去机场的路可能会堵车，能早点出发就早点出发吧。

8 打肿脸充胖子

✚ '뺨을 때려 붓게 하여 살찐 사람인 체하다'라는 뜻의 속담으로, 체면을 위해서 아무런 능력도 없으면서 능력이 있는 척하는 것을 비유한다.

- 回家的路上，我一个劲儿地埋怨自己，何必打肿脸充胖子呢？到最后还不是自己受罪吗？
- 他一说要在饭店里办生日宴会，朋友都劝他："别打肿脸充胖子了。我们都是那么多年的朋友了，凑在一起简单地庆祝庆祝就行了。"

Speaking 1

다음 질문에 대한 알맞은 대답을 중국어로 자유롭게 말해 보세요.

1 회화를 읽고 대답해 보세요.

❶ A 老李为什么愁得头发都白了？
B _____

❷ A 王潇不买房而选择租房的原因是什么？
B _____

❸ A 小张买房时选择20年按揭的理由是什么？
B _____

❹ A 小刘做了什么"打肿脸充胖子"的事？
B _____

2 회화의 내용을 바탕으로 자신의 의견을 말해 보세요.

❶ A 你觉得租房和买房各有什么利弊？
B _____

❷ A 你买房子的时候，看重哪些方面？(地段、房型、价格、小区环境、交通条件、教育设施等)
B _____

❸ A 你怎么看待"啃老"现象？你身边有"啃老族"吗？
B _____

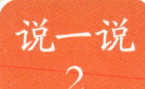

Speaking 2

제시된 단어를 참고하여 다음 주제에 맞게 자유롭게 이야기해 보세요.

1 请你介绍一下"拼购"。

참고 단어

集体购买 jítǐ gòumǎi 집단구매 | 共同需求 gòngtóng xūqiú 공통수요 | 成本 chéngběn 원가 | 砍价 kǎnjià 값을 깎다 | 优惠 yōuhuì 특혜 | 实惠 shíhuì 실리 | 团购 tuángòu 단체구매

2 请你介绍一下"拼二手"。

참고 단어

闲置 xiánzhì (쓰지 않고) 내버려 두다 | 换新 huànxīn 갱신 | 处理 chǔlǐ 처리(처분)하다 | 报废 bào fèi 폐기하다 | 回收 huíshōu 회수하다 | 再利用 zàilìyòng 재활용

爱"拼"才会赢

关于节俭、节约的话题，这种看似老土的消费观念，变得越来越时尚了。在年轻人当中日渐风行的一种名为"拼客"的现象，这里的"拼"不是拼命、拼杀，而是拼凑、拼合。拼客们常通过网络联络一群志同道合的人，集中在一起共同完成一件事或活动，实行AA制消费。这样，既可以分摊成本，共享优惠，又能享受快乐并从中结交朋友。简而言之就是：联合更多的人，形成更大的力量，花更少的钱，消耗更少的精力，做成我们想做的事情，获得更多的快乐，享受更好的生活。

与"黑客"、"闪客"等词的舶来品身份不同的是，拼客(Pinker)是个地道的Chinglish(中国式英语)，Pinke即拼客一词拼音，为了让它看起来更像一个英文单词，于是加上了r之后就成为了现在的Pinker(拼客)。

与"拼客"相对应的一词应该是AA制。但是AA制和拼客之间不能够简单地画上等号。因为传统上的AA制大多是发生在认识的人之间，比如同学、朋友、同事。但是拼客常常是不认识的人之间分摊费用。此外，AA制是单纯的分摊费用，但是拼客借助于网络，节约支出的同时，还能在一种公平简单的经济关系下，跟更多的人轻松地建立友情。简而言之，AA制只是一种消费观念，而拼客已经成为一种生活方式。

拼客们的口号是"爱拼才会赢"，他们总是把能够想到的都拿来拼一拼。比如：拼卡、拼购、拼竞技、拼游、拼学、拼餐、拼二手、拼书碟等等，名目繁多，举不胜举。

- **日渐风行**
rì jiàn fēng xíng
점차적으로 유행하기 시작하여 시대적 유행으로 변하다

- **志同道合**
zhì tóng dào hé
서로 뜻이 같고 의견이 일치하다

- **简而言之**
jiǎn ér yán zhī
간단히 말하면

- **舶来品** bóláipǐn
수입품(현재는 국외에서 국내로 들어온 의식·문화·물품·언어·기술 등을 가리킴)

- **名目繁多**
míng mù fán duō
구실이 매우 많다

- **举不胜举**
jǔ bú shèng jǔ
너무 많아서 일일이 다 열거할 수 없다

- **均摊** jūntān
균등하게 부담하다

其中最常见的就是拼车。在起始地和目的地或相近或顺路的情况下，几个人结成伴，一起搭车上路，车费均摊或根据路程远近，按比例分配。平日上下班拼车、周末郊游拼车、长假回家拼车、出差办事拼车……方便快捷，经济实惠，又节约能源！

让人意想不到的拼婚也产生了，别误会，这可不是集体同居，而是集体去拍结婚照，或者婚期接近的几对新人，通过一块儿拍婚纱照、一块儿买家具、一块儿租婚车、一块儿订酒店等等，获得单独购买不可能拿到的折扣。"团结就是力量"，以前这句老话现在好像又充满了新的意义。

专家们认为，这是人们的消费观念和行为走向成熟的表现，也是一种节俭和环保的生活方式，值得广泛提倡。怎么样？你是不是也心动了，想拼上一把？

본문을 읽고 대답해 보세요.

1. 拼客是什么样的人？这样做有什么好处？

2. 拼客和AA制有什么不同？

3. 他们常常拼什么？请用自己的话，介绍一下拼的种类和实际做法。

4. 你愿意当一个拼客吗？你想拼什么？

练习 1 / Exercise 1
写一写

다음 빈칸에 알맞은 답을 중국어로 써 보세요.

1 다음 문장에서 틀린 곳을 찾아 바르게 고쳐 보세요.

① 公司研究出一套先进的管理系统，由此公司的管理成本比过去节省了将近一倍。
→ _____

② 今年上海站已超计划完成了2.4万吨运输任务，与原计划相比，提高到50%。
→ _____

③ 现在去境外旅游的人越来越多，去年去境外旅游的旅客只有3000多人，而今年增至30000多人，比以往多十倍。
→ _____

④ 成功的关键在于个人的勤奋起了决定作用。
→ _____

⑤ 这次重大事故是因为驾驶员酒后驾车造成的。
→ _____

2 앞뒤 문맥에 근거하여 빈칸에 적절한 한자를 써 보세요.

> 　　与"拼客"相对应的一词应该是AA制。但是AA制和拼客之间不能够简单地画上 ❶_____。因为传统上的AA制大多是发生在认识的人 ❷_____，比如同学、朋友、同事。但是拼客常常是不认识的人之间分摊费用。此外，AA制是单纯的 ❸_____费用，但是拼客借助于网络，节约支出的同时，还能在一种公平简单的经济关系下，跟更多的人轻松地 ❹_____友情。"简而 ❺_____，AA制只是一种消费观念，而拼客已经成为一种生活 ❻_____。

❶ _____   ❷ _____   ❸ _____

❹ _____   ❺ _____   ❻ _____

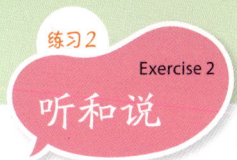

Exercise 2 녹음을 잘 듣고 다음 문제를 풀어 보세요.

1 잘 듣고, 빈칸을 채운 후 큰 소리로 읽어 보세요. 🎧 track 05_4

　　许多人认为，住在_____的房子里，才会_____。一种必须_____是，除了买房以外，租房同样是一种_____。_____，不少人对租房的认识_____，总认为租房花了钱房子还是人家的，自己仍是_____。事实上，_____数十万元、上百万元买了房，不过是将未来几十年租房的钱，集中_____而已。倘若出现比目前房价水平下跌的情况，就更_____了。

　　从一些_____的现状来看，并不是每个人都有必要买一套房子。在他们看来，病了_____，老了就住到养老院去，能享受的时候就_____，_____为了一套房子_____呢?

　　租房，不仅是一种_____，也是一种_____。许多人不是_____，他们是只有一套房子自住的普通人家，但如今他们中的一些人_____决定卖掉自己仅有的一套房，开始_____。他们搬到租来的房子里，用卖掉房子换来的钱做自己想做的事。他们说："生活，不应该被房子_____。"

2 잘 듣고, 다음 질문에 대답해 보세요. 🎧 track 05_5

① A 请复述这篇短文中提到的关于租房的认识误区。
　 B _____

② A 在发达国家和地区，人们的看法如何?
　 B _____

③ A 作者对这个问题怎么想?
　 B _____

④ A 请说说你搬过几次家? 其中印象最深的是哪一次?
　 B _____

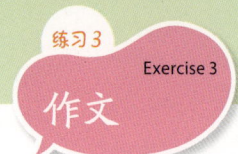

Exercise 3

다음 주제에 맞게 자유롭게 작문해 보세요.

传统的消费方式是"先赚钱再花钱",现在流行的消费方式是"先花钱再赚钱",你觉得哪种消费方式更合理?请写一篇关于如何合理消费的作文。

STEP1 提纲 작문할 내용의 개요를 작성해 보세요.

1.

2.

3.

STEP 2　作文　개요를 바탕으로 완전한 글을 완성해 보세요.

大圈子 小圈子

chapter 06

会话
多个朋友多条路

课文
人情消费——是情还是债？

语法
咱们都是谁跟谁 | 记着记着就忘了 |
摸着石头过河 | 三点一线 | 泡汤 |
三寸不烂之舌 | 多个朋友多条路 |
日久见人心

Speaking

인간관계

학교생활, 사회생활을 하면서 가장 중요한 것은 무엇일까요? 보람도 좋고 성과도 좋겠지만 인간관계가 가장 보람 있는 성과라고 할 수 있지 않을까요? 학교나 회사에서 인간관계의 어려움을 겪는다면 공부나 일에서의 보람이나 성과가 아무리 커도 견디기 힘들어 지겠죠.

그렇다면 중요한 인간관계를 위해서 어떤 일을 할 수 있을지 여러분의 의견을 말해 보세요.

1. 同学会或聚会时，经常谈些什么话题？

2. 你的生活圈子大吗？介绍一下你的交往圈子。

3. 你曾经因为人际交往而苦恼过吗？后来是怎么办的？

Words & Extension
🎧 track 06_1

□ **接风** jiēfēng 동 멀리서 온 손님에게 식사를 대접하다, 연회를 준비하여 멀리서 온 손님을 맞아 환영함

扩展　洗尘 xǐchén 멀리서 온 사람에게 연회를 베풀어 환영하다 | 饯行 jiànxíng 송별연을 하다

□ **见外** jiànwài 형 남처럼 대하다(종종 부정형식으로 쓰이며, 别见外는 상대방에게 이렇게 예의차리지 말 것을 바라는 의미임)

• 你说这话，就太见外了。

扩展　客套 kètào 인사치레로 말하다 | 认生 rènshēng 낯을 가리다

□ **念叨** niàndao 동 (걱정하고 그리워서) 두고두고 말하다, 계속 말 중에 언급하다

• 奶奶去世之前，还一直念叨着身在外地的孙子。

扩展　挂念 guàniàn 걱정하다 | 怀念 huáiniàn 추억하다

□ **勾心斗角** gōu xīn dòu jiǎo 성 궁궐의 구조가 들쭉날쭉하고 정교하며 섬세하다, 온갖 계략을 다 쓰고 옥신각신하는 것을 비유함

• 公司里竞争激烈，同事之间难免勾心斗角。

扩展　明争暗斗 míng zhēng àn dòu 옥신각신하다 | 开诚布公 kāi chéng bù gōng 속마음을 털어놓다

□ **热心肠** rèxīncháng 명 열의, 열성, 정이 있고 다른 사람 돕는 것을 좋아하고 일을 적극적으로 하는 성격을 가리킴

扩展　黑心肠 hēixīncháng 흑심 | 花花肠子 huāhua chángzi 교활한 심보

☐ **自来熟** zìláishú 명 사교성이 좋아 다른 사람과 쉽게 친해질 수 있는 성격의 사람, 낯선 사람과 교제하고 마치 잘 아는 사람을 만난 것처럼 자연스럽고 구속이 없는 성격

- 他跟谁都是自来熟，最适合干销售。

扩展 외향적인 성격을 형용하는 어휘: 乐天达观 lè tiān dá guān 낙천적이다 | 活泼伶俐 huópo língli 활발하고 영리하다

☐ **指标** zhǐbiāo 명 지표, 가이드라인, 목표, 예기 중 도달하고자 하는 지수·규격·표준

扩展 经济指标 jīngjì zhǐbiāo 경제 지표 | 健康指标 jiànkāng zhǐbiāo 건강 지표

☐ **冷场** lěngchǎng 명 어색한 장면, 침묵이 흐르는 장면, 주로 접대하거나 회의를 열 때, 발언하는 사람이 없어서 분위기가 매우 어색함을 가리킴

扩展 难堪 nánkān 난처하다 | 冷笑话 lěngxiàohua 썰렁한 농담

☐ **由着性子** yóuzhe xìngzi 자신의 성격에 따라 하고 싶은대로 하다

- 公司可不是你家，什么事都由着你的性子干当然不行！

扩展 任性 rènxing 제 마음대로 하다 | 性子火爆 xìngzi huǒbào 성질이 불같다

track 06_2

多个朋友多条路

因为王琳从上海出差来北京,所以大学毕业后好久没聚在一起的朋友们趁着这个机会给她办了个接风宴,难得聚首,不禁感慨万千。

阿强 各位,今天咱们几个聚在一块吃这顿饭,既是给小琳接风,也是给她饯行。托小琳的福,要不是她来,我们还不知道什么时候才能见面呢!来,大家都举起杯子,好好地干一杯!

王琳 哎哟,真是不敢当。我来这一晚上,给大家添那么多麻烦,真有点过意不去。

丽丽 小琳啊,你说这话就有点见外了。❶咱们都是谁跟谁啊,看见你来,高兴还高兴不过来呢,怎么能说添麻烦呢?我们几个见面的时候,也常常念叨你,你倒跟我们说起客套话来了。还不赶快罚自己一杯?

王琳 好好,算我说错了。其实我也想念大家,工作以后才知道同学之间的感情最真,关系也最纯,不像办公室政治那么复杂。整天勾心斗角的,说什么都得小心翼翼。我天生就是没心眼儿的人,想当年毕业前你们提醒我出了校门后一定得留点儿神,可我❷记着记着就忘了,还为此吃过几次苦头呢。还是强哥的性格好,又是热心肠又是自来熟,到哪儿都吃香。

阿强 得,别夸我了,我也在❸摸着石头过河呢!在学校时,都是食堂-教室-宿舍"❹三点一线",社交圈小得可怜。可工作后上有领导,中有顶头上司,下有各级同事,哪个都得罪不起,每天都得陪着笑脸打交道。何况我的工作还是销售,客户就是上帝,要是上帝们的心情不好,我的销售指标可就全❺泡汤了。

丽丽 看你现在这❻三寸不烂之舌,想不到还有冷场的时候呢!那赶快教教我,扩大圈子的秘诀是什么?自从结婚后辞职当了全职太太,我的交往圈子就越来越小了，上班时恨不得马上洗手不干、回家享清闲，可真到了不用操心的那天，反而感觉挺郁闷的，外面的世界好像和我无关似的，原来的同事和朋友之间共同话题好像也少了。

阿强　❼多个朋友多条路，其实也谈不上什么方法，无非是以心换心而已。先开口打个招呼，多搜集些什么新闻话题、笑话短信之类的，慢慢地就能找到活跃气氛的窍门，再说伸手不打笑脸人，说话做事也别太由着性子，让自己开心也让身边的人都自在，那就行了。

王琳　我还是觉得做自己最重要，君子之交淡如水嘛，何况❽日久见人心。还是老朋友好啊！唉，今天分手，不知道什么时候才有机会再相见啊！

阿强　别这么感伤！现在交通这么方便，说不定哪天咱们又能在上海凑成一桌，天南海北地边吃边聊呢。来，大家别说扫兴话了，都拿起筷子来啊！趁热吃，菜可都凉了！

 Grammar

1 咱们都是谁跟谁

✚ 谁跟谁는 '어떤 사이'라는 의미로 관계가 지극히 친밀하고 허물없는 사이임을 강조할 때에 반어형으로 주로 쓰인다.

- 咱们谁跟谁啊，这点小钱还用得着写什么借条呀！
- 这件事包在我身上了，我们俩谁跟谁，帮这点忙是应该的。

2 记着记着就忘了

✚ 'A+着+A+着就+B'는 'A하다 A하다 바로 B하다'의 뜻이다. 종종 A라는 동작의 상태를 유지하는 과정 중에 B라는 변화나 결과가 출현하는 것을 설명한다.

- 她说着说着就哭了起来，害得我不知道怎么安慰她才好。
- 我是个标准的路盲，常常在路上走着走着就丢了方向。

3 摸着石头过河

✚ 속담으로 '돌을 더듬어 가며 강을 건너다'라는 뜻이다. 돌다리도 두드려가며 세심한 주의를 기울여 일을 처리하는 것을 비유한다.

- 身边都是新股民，也没人可以商量，所以我炒股全凭自己摸着石头过河。
- 他从事过很多种工作，不过那些摸着石头过河的经验成了他现在创业的最大财富。

4 三点一线

✚ 원래 '세 점을 통과하여 하나의 직선을 구성하다'는 뜻으로, 생활의 범위나 구역이 매우 좁고 제한된 몇몇 장소만 가는 것을 의미한다.

- 刚参军的时候，他很不习惯每天训练场-食堂-宿舍三点一线的生活，不过几个星期以后就好多了。
- 我可不想结婚以后，一到周末就婆家-娘家-自己家三点一线地绕来绕去。

5 泡汤

✦ 동사로 '수포로 돌아가다, 허사가 되다'라는 뜻이다. 목표에 도달하지 못했거나 계획을 실현시킬 수 없음을 나타낸다.

- 明天可千万别下雨，要不然我们事先所准备的一切可都要泡汤了。
- 他的年终奖金比预想的少了一大半，全家人去海外旅行的计划也就泡汤了。

6 三寸不烂之舌

✦ '세 치의 썩지 않는 혀'라는 뜻으로, 말솜씨가 매우 좋고 말을 거침없이 잘함을 비유한다.

- 他就是靠着三寸不烂之舌，才有了今天的地位，要不然怎么说"小人当道"呢！
- 我没有什么三寸不烂之舌，只有苦干实干，才能实现我的梦想。

7 多个朋友多条路

✦ '친구가 많을수록 길이 더 많다. 친구를 한 명 더 사귀면 일을 처리할 때 더욱더 수월해진다'는 의미의 관용구이다.

- 多个朋友多条路嘛，没必要得罪他，以后给自己找麻烦。
- 俗话说："多个朋友多条路"，要想当个成功的生意人，需要广泛的人脉。

8 日久见人心

✦ 원래 문장은 '路遥知马力，日久见人心。'으로 '여정이 멀어야만 말의 힘이 센지 약한지 알 수 있고, 날이 오래 지나야만 사람의 마음이 좋은지 나쁜지 알 수 있다'는 뜻이다. '서로 오랫동안 긴밀하게 교제해야 진심을 이해할 수 있다'는 의미로 쓰인다.

- 妈妈总是告诫我，别那么轻易地相信别人，只有日久才能见人心。
- 虽然他对我有些误会，不过我坚信日久见人心，时间自然会为我证明一切。

Speaking 1

다음 질문에 대한 알맞은 대답을 중국어로 자유롭게 말해 보세요.

1 회화를 읽고 대답해 보세요.

① A 这几位老同学怎么聚在一起的?
   B _____

② A 王琳在参加工作以后，体会最深的是什么?
   B _____

③ A 丽丽当全职太太以后生活有什么变化?
   B _____

④ A 阿强的扩大社交圈子的秘诀是什么?
   B _____

2 회화의 내용을 바탕으로 자신의 의견을 말해 보세요.

① A 说说你的交友原则和态度。
   B _____

② A 你最好的朋友是哪个时期认识的? 你认为读书时和工作时认识的朋友有何不同?
   B _____

③ A 你怎么理解"办公室政治"? 请说明几项你认为工作时应该注意的方面或原则。
   B _____

说一说 2 — Speaking 2

제시된 단어를 참고하여 다음 주제에 맞게 자유롭게 이야기해 보세요.

1 你知道《三国演义》吗？请你介绍一下其中的"桃园三结义"的故事内容。

> **참고 단어**
> 情投意合 qíng tóu yì hé 서로 의기투합하다 | 结拜 jiébài 의형제(의자매)를 맺다 | 同甘共苦 tóng gān gòng kǔ 동고동락하다

2 请谈谈你对"人生得一知己，足矣"的看法。

> **참고 단어**
> 酒肉朋友 jiǔròu péngyou 술친구(오로지 함께 먹고 마시고 노는 친구로 어려울 때는 전혀 도움이 되지 않는 친구) |
> 狐朋狗友 hú péng gǒu yǒu 악당의 무리, 못된 친구 | 无影无踪 wú yǐng wú zōng 그림자도 형태도 없다 |
> 有福同享，有难同当 yǒu fú tóng xiǎng, yǒu nàn tóng dāng 동고동락하다 |
> 伸出援助之手 shēnchū yuánzhù zhī shǒu 구조의 손길을 내밀다

人情消费——是情还是债？

在商业圈流行一个说法，叫"金九银十"，就是指九、十月份是市场最黄金的销售季节。而这段时间，人情消费也形成了高峰。为此，某报做了相关调查。

55%的被调查者表示，对于人情消费感觉有一定负担；25%的表示压力很大；表示人情消费压力时有时无的占12%；而表示没有任何压力的仅占8%。在人情消费"项目"中，婚丧嫁娶占22.6%；生日、同学会等聚餐占18.5%；亲朋等孩子升学占17.8%；喜得贵子占12.9%；给领导送礼占10.4%；走亲访友占9.7%；探病占8.1%。

可以说人情消费是人人有，但心态各有不同。调查结果显示，人们存在5种消费心理：

情意论：某公司职员张先生坚决否认"人情债"这一说法。他说："人情不就是人之常情嘛。而随礼也是生活中的亲情、友情等的正常交往，再说人这一辈子也就那么几件大事，随点钱表达表达心意，这是很自然的。"

储蓄论：对于人情债，市民吴先生心态很平和，他把随礼看成储蓄。吴先生说："储蓄是把钱存入银行，随礼则是把钱存在亲朋好友那儿，早晚也会兑现。因此，我从来不为这个发愁。"

回报论：个体老板陈女士坚信，付出终有回报："这世间最难还的债务就是人情债。不做买卖时不懂，一有随礼的事是能逃就逃。现在自己做买卖了，方方面面都需要朋友，所以只要是业务上有交往的礼，我都随。只有这样人家才能认为你可交，办起事儿来才方便。"

단어

- 人情 rénqíng
  우정, 체면, 인간관계에서 오고 가는 접대의 예의 풍속
- 随礼 suí lǐ
  축의금, 다른 사람이 각종 경사를 치를 때 일정 액수의 돈으로 주는 것, 随份子 또는 凑份子라고도 함
- 兑现 duìxiàn
  (어음·수표 등을 은행에서) 현금으로 바꾸다, (결산할 때) 현금을 지불하다, 약속을 이행하다
- 可交 kě jiāo
  교제할 가치가 있다, 교제할 만하다
- 欣然 xīnrán
  매우 기쁘고 즐거운 모양
- 紧 jǐn
  경제가 풍요롭지 못하고 옹색하다
- 敛财 liǎncái
  재물을 수탈하고 자금을 한데 모으다, 捞钱이라고도 씀

面子论：月工资仅800元的夏女士很爱面子，不分红白喜事，只要收到请柬，无论熟悉不熟悉，她都会欣然前往。她说："虽然有的只是认识，平时很少说话，但人家张回嘴，总不能太不给面子了，自己紧一紧也就过去了。"

　　捞钱论：某事业单位的李先生对人情债感触颇多。他认为，最让人受不了的就是，收到一些稍有权位的人或是平时不甚来往的朋友的请柬，那么必定是他们家又要操办什么大事，借机敛财了。

본문을 읽고 대답해 보세요.

❶ 请说一说义中调查结果。
　↳

❷ 请用自己的话复述人们对于人情消费的五种观点。
　↳

❸ 你用于人情消费的支出多吗？说说自己和身边人的情况。
　↳

❹ 你对"人情债"抱什么态度？
　↳

练习 1 Exercise 1

写一写

다음 빈칸에 알맞은 답을 중국어로 써 보세요.

1 다음 문장에서 틀린 곳을 찾아 바르게 고쳐 보세요.

① 他的死是为了救一名要过马路的孩子而死的。
→ _____

② 菜中添加的调料以适量即可。
→ _____

③ 这次重大事故是因为他的马虎大意造成的。
→ _____

④ 今年公司的产量比去年同期相比,增加了30%。
→ _____

⑤ 本次选拔基层干部,将本着客观公正为原则来进行。
→ _____

2 앞뒤 문맥에 근거하여 빈칸에 적절한 한자를 써 보세요.

> 某公司职员张先生❶_____否认"人情债"这一说法。他说:"人情不就是人之❷_____嘛。而随礼也是生活中的亲情、友情等的正常交往,再说人这一❸_____也就那么几件大事,随点钱表达表达❹_____,这是很自然的。"
> 对于人情债,市民吴先生心态很平和,他把随礼❺_____储蓄。吴先生说:"储蓄是把钱存入银行,随礼则是把钱存在亲朋好友那儿,早晚也会❻_____。因此,我从来不为这个发愁。"

❶ _____ ❷ _____ ❸ _____
❹ _____ ❺ _____ ❻ _____

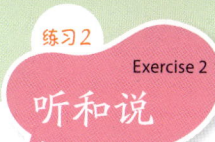

Exercise 2

녹음을 잘 듣고 다음 문제를 풀어 보세요.

1 잘 듣고, 빈칸을 채운 후 큰 소리로 읽어 보세요. 🎧 track 06_4

> 　　同事之间最容易形成＿＿＿＿＿，如果对一些小事＿＿＿＿＿＿，就容易形成沟壑。日常交往中我们得注意把握几个方面，来建立＿＿＿＿＿的同事关系。
> 　　首先得＿＿＿＿＿＿，不要互相拆台。对于同事的缺点，如果平日里不当面指出，一与外单位人员接触时，就很容易对同事＿＿＿＿、＿＿＿＿，影响同事的＿＿＿＿＿，长久下去，对自身形象也不利。同事之间要＿＿＿＿＿，特别是在与外单位人接触时，要形成"＿＿＿＿＿"的观念，＿＿＿＿＿，不要为＿＿＿＿而妨害＿＿＿＿＿，最好"家丑不外扬"。
> 　　其次＿＿＿＿时，要＿＿＿＿＿。同事之间由于＿＿＿、＿＿＿等方面的差异，对同一个问题，往往会产生不同的看法，＿＿＿＿＿＿，一不小心就容易＿＿＿＿。面对问题，特别是在发生分歧时要努力寻找＿＿＿＿，争取求大同存小异。实在不能一致时，不妨＿＿＿＿，表明"我不能接受你们的观点，＿＿＿＿＿＿"，让争论淡化，又＿＿＿＿＿＿。

2 잘 듣고, 다음 질문에 대답해 보세요. 🎧 track 06_5

❶ A 与同事交往时，要注意哪些方面？
　 B ＿＿＿＿＿＿＿＿＿＿＿＿＿＿＿＿＿＿＿＿＿＿＿＿＿＿

❷ A "家丑不外扬"还被用在哪些方面？
　 B ＿＿＿＿＿＿＿＿＿＿＿＿＿＿＿＿＿＿＿＿＿＿＿＿＿＿

❸ A 你曾经与同事有过什么矛盾？是怎么解决的呢？
　 B ＿＿＿＿＿＿＿＿＿＿＿＿＿＿＿＿＿＿＿＿＿＿＿＿＿＿

다음 주제에 맞게 자유롭게 작문해 보세요.

生活中，友情与爱情对我们来说都是必不可缺的，如果只有一次机会，你会选择哪个呢？请你写一篇关于如何适当处理友情与爱情关系的作文。

STEP1 提纲 작문할 내용의 개요를 작성해 보세요.

1

2

3

STEP 2 作文 개요를 바탕으로 완전한 글을 완성해 보세요.

时光机器

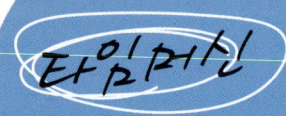

chapter 07

会话
如果回到十年前

课文
人生的黄金期

语法
弹指一瞬间 | 十年河东,十年河西 | 三句话不离本行 |
有钱能使鬼推磨 | 英雄难过美人关 |
树欲静而风不止,子欲养而亲不待 |
少壮不努力,老大徒伤悲 | 活到老,学到老

Speaking

시간 여행

예전 한 영화에서 타임머신을 타고 과거와 미래를 시간 여행하는 장면이 나와서 사람들의 흥미를 끌었었죠? 과거를 후회하고 현재에서 벗어나 좀더 나은 미래를 향해 나아가려는 사람들의 바람을 타임머신이라는 가공의 기구를 통해 표현한 것인데, 모두 자신의 일인 것처럼 재미있어했던 기억이 납니다.

여러분은 10년 전으로 돌아간다면 무엇을 하고 싶은지 이야기해 보세요.

1. 如果有时光机器，你想回到什么时候？为什么？

2. 你最后悔以前当学生时，没有学好什么？

3. 过去的自己和现在的自己，你更满意哪一个？

生词 扩展

Words & Extension
🎧 track 07_1

- **黄金栏目** huángjīn lánmù 명 황금 프로그램(인기 있는 프로그램을 가리킴)

  扩展 黄金时段 huángjīn shíduàn 황금 시간 | 黄金地段 huángjīn dìduàn 도심지, 금싸라기 땅

- **实话实说** shí huà shí shuō 성 사실대로 말하다, 단도직입적인 방법으로 진실된 상황을 말하는 것을 가리킴

  扩展 实不相瞒 shí bù xiāng mán 숨기지 않고 사실대로 말하다 | 吐实 tǔshí 실토하다

- **各抒己见** gè shū jǐ jiàn 성 각자 자기의 의견이나 견해를 발표하다
  - 在会上，大家各抒己见，气氛十分热烈。

  扩展 畅所欲言 chàng suǒ yù yán 하고 싶은 말을 마음껏 하다 | 各执一词 gè zhí yì cí 제각기 자신의 의견을 고집하여 팽팽히 맞서다

- **遐想** xiáxiǎng 동 끝없이 상상하다, 사색하다
  - 大学时，宿舍的朋友们常常一起遐想毕业后各自的生活。

  扩展 引人遐想 yǐnrén xiáxiǎng 끝없이 상상하게 하다 | 畅想 chàngxiǎng 자유롭게 상상하다

- **仗势欺人** zhàng shì qī rén 성 세력을 믿고 남을 업신여기다, 권세에 의지해서 사람을 괴롭히고 억누르다

  扩展 欺人太甚 qī rén tài shèn 남을 지나치게 업신여기다 | 欺软怕硬 qī ruǎn pà yìng 약자 앞에 강하고 강자 앞에 약하다

- **原始股** yuánshǐgǔ 명 아직 상장되지(시장에 나오지) 않은 주식(상장 후에 통상적으로 주식가가 몇 배로 올랐기 때문에 '수익' 혹은 '돈을 벌다'의 의미로 쓰였었음)
  - 这里的房子就像原始股，虽然现在便宜，但是通了地铁以后，价钱一定会狂涨的。

  扩展 蓝筹股 lánchóugǔ 우량주, 블루칩 | 潜力股 qiánlìgǔ 성장 잠재주

□ **盆满钵满** pén mǎn bō mǎn 성 모든 용기가 다 찼다, 벌어들인 돈이 많다, 막대한 수입이나 이윤 혹은 큰 성과를 거두고 돌아오는 것을 형용함
- 上次的投资成功了，让他赚了个盆满钵满。

扩展 暴发户 bàofāhù 벼락부자 | 土豪 tǔháo 졸부

□ **思前顾后** sī qián gù hòu 성 반복적으로 고려하고 헤아리며 고민하다
- 做重要决定之前，难免要思前顾后，好好考虑一番。

扩展 '○前○后'의 성어 : 瞻前顾后 zhān qián gù hòu 앞뒤를 살피다, 심사숙고하다 | 承前启后 chéng qián qǐ hòu 선대의 유업을 계승 발전시키다

□ **共勉** gòngmiǎn 동 서로 격려하다, 서로 용기를 북돋우다
- 我把当时的感觉写在了博客上，与朋友共勉。

扩展 座右铭 zuòyòumíng 좌우명 | 格言 géyán 격언

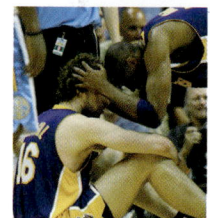

□ **气喘吁吁** qì chuǎn xū xū 형 호흡이 가쁘고 큰 소리로 숨 쉬는 것을 형용함

扩展 上气不接下气 shàngqì bù jiē xiàqì 호흡이 곤란하다 | 力不从心 lì bù cóng xīn 기력이 마음을 따라 주지 못하다

如果回到十年前

电视台的黄金栏目《实话就是要实说》，今天就"如果回到十年前"的题目进行了一场讨论，观众们各抒己见，你一言我一语地讨论了起来，热闹不已。

主持人 十年，三千六百五十多天，看上去如此之长。但是回首一望的时候又觉得，十年就好像❶弹指一瞬间。大家有没有遐想过，如果有机会回到十年前，你会做些什么？

观众A 如果时光倒流到十年前，我一定多买彩票，因为我已经知道了中奖号码嘛。我也不贪心，只要中一次五百万的大奖。然后拿着奖金，悠悠闲闲地过下辈子，不用每天早出晚归地为老板卖命。对了，还要让以前那些仗势欺人的家伙明白什么是❷十年河东，十年河西。

观众B 我也想中大奖，不过拿到了奖金，我一定会仔细地做好理财计划，还要早早地买好原始股和蓝筹股，到时候牛市一来，就能赚个盆满钵满了。绝不像现在似的，每天为错过时机，把肠子都悔青了。

主持人 请允许我冒昧地问一句，您是从事什么工作的？

观众B 我在银行工作，是搞金融的。

主持人 哦，难怪呢！您可真是❸三句话不离本行啊。这两位的发言不知怎么的让我想起"❹有钱能使鬼推磨"这句话来了。（众人大笑）

观众C 要是能回到过去的话，我一定不会再犹豫不决、思前顾后了，而是勇敢地握住那个女孩子的手，向她表白。哪怕她拒绝我，也没关系。因为那样做的话，虽然成功的可能性只有百分之五十，但是不做的话，成功的可能性就是零。

主持人　果然是❺英雄难过美人关啊。虽然您错过了一班车，但是希望下一班车来的时候，您能够抓住机会。

观众D　如果回到十年前，我会乖乖地听爸妈的话，不再用工作忙的借口，半年才回一次家，让他们替我操心。我还要常陪在奶奶的身边，喝奶奶给我煲的鸡汤，做好一个孙子该做的事，为我的不孝赎罪。（说着说着眼眶湿润了）

主持人　所谓"❻树欲静而风不止，子欲养而亲不待。"其实父母们要的并不多，常回家看看，陪他们聊聊家常，尝尝妈妈的拿手菜，陪爸爸去趟澡堂、给他搓搓背，如此而已。（现场观众们若有所思、颇有同感）

观众D　十年前，我还在上高中。要是能再来一次的话，我一定会努力学习。真的，不是因为父母的唠叨和老师的压力，而是为了我自己。古话说得好，"❼少壮不努力，老大徒伤悲"，要想得到别人得不到的成功，就得付出超出常人的努力，尤其是在年轻的时候。

主持人　这点我也有同感。不过还有一句老话："❽活到老，学到老。"咱们也可以用来共勉。

观众E　如果回到十年前，我会好好保护视力，以免十年后鼻梁上架着沉沉的眼镜。还要多做运动，那样的话，现在就不会挺着个将军肚，连弯腰系个鞋带都气喘吁吁的。年轻时是用身体换一切，等年纪大了就是用一切换身体啊。

主持人　十年的时间总是一晃而过，可能让人遐想、伤心或者后悔，能回到十年前当然好，但毕竟这只是一个美梦。因为知道过去无法改变，所以我们只有把握现在，尽自己最大的努力，不要让今天成为十年后的悔恨。愿所有的人都能心想事成。观众朋友们，让我们下期再见。

1 弹指一瞬间

+ 弹指一挥间이라고도 하며 시간이 짧고 매우 빠름을 형용한다. 弹指는 손가락을 튕길 동안의 시간, 즉 아주 짧은 시간을 가리킨다.

- 弹指一瞬间, 孩子们都长大了, 出去闯天下了, 家里只剩下他和老伴两个人。
- 捧着旧日的相册, 感觉十几年的时间弹指一瞬间就过去了。

2 十年河东, 十年河西

+ '십 년은 강의 동쪽에 있고, 십 년은 강의 서쪽에 있다'라는 뜻의 속담으로, '십 년이면 강산도 변한다' 즉 성쇠가 수시로 변하고 변화가 매우 크거나 변화무쌍함을 비유한다.

- A : 他红的时候, 又作报告, 又被采访, 普通人想见他还见不着呢!
  B : 可不, 现在可是十年河东, 十年河西了。

3 三句话不离本行

+ '세 마디 말이 제 업종을 떠나지 못한다'라는 뜻의 속담으로 직업은 속일 수 없음을 비유한다.

- A : 哎, 怎么说着说着又谈到车上去了。自从你换了家汽车公司以后, 这话题总离不了车呀、油呀、保险呀什么的。
  B : 嘿, 这就叫三句话不离本行嘛。

4 有钱能使鬼推磨

+ '돈만 있으면 귀신에게도 맷돌질하게 할 수 있다'라는 뜻의 속담이다. 돈만 있으면 못할 것이 없음을 비유하고 또 사람이 돈에 의지해서 일을 처리함을 말할 때도 사용된다.

- A : 听说小王开车撞了人, 被罚了几千块, 就没事了?
  B : 嘿, 有钱能使鬼推磨, 这年头什么怪事没有啊!

5 英雄难过美人关

✤ 재능이 출중한 영웅도 미녀라는 관문을 통과하기 힘들며 종종 여색에 빠져 투지를 상실하고 실수를 하거나 실패한다는 의미로 '영웅도 미인에는 약하다' 정도로 해석할 수 있다.

- A：李经理工作成绩很不错呀，怎么才干了半年，就被撤了？
  B：咳！英雄难过美人关，还不是因为和他那个小秘书的事。
- 什么危险，他都不怕，他就怕小雨的眼泪，说到底英雄难过美人关嘛。

6 树欲静而风不止，子欲养而亲不待

✤ '나무는 고요하게 있고 싶어하나 바람이 그치지 않고, 자식이 부모님을 봉양하고자 하나 부모님은 이미 기다리지 않는다'는 뜻이다. '모든 일은 사람의 바람대로 되지 않는다'는 것을 비유한다. 종종 두 문장 중 한 문장만 쓰여도 뜻이 통한다.

- 趁年轻多孝敬父母吧，子欲养而亲不待，千万不要让自己后悔。
- 坐在父亲的墓前，望着他的照片，我才明白"子欲养而亲不待"的感觉。

7 少壮不努力，老大徒伤悲

✤ '젊을 때 노력하지 않으면, 늙어서 비관해도 소용이 없다'는 뜻으로 대부분 젊은이에게 열심히 공부하고 앞을 향해 나아가라고 조언할 때 쓴다. 뒤의 문장만 따로 쓰기도 한다.

- A：你上班那么累，还利用业余时间去读夜校，太辛苦了，其实你也用不着这么拼命吧。
  B：我是想趁着年轻多学点儿，省得"少壮不努力，老大徒伤悲"啊！

8 活到老，学到老

✤ '늙어 죽을 때까지 배우다'라는 뜻의 속담으로 배움의 길은 끝이 없으며 평생 동안 계속 공부해야 한다는 의미이다.

- 社会在发展，技术在更新。"活到老，学到老"才是当今社会的主题。

Speaking 1

다음 질문에 대한 알맞은 대답을 중국어로 자유롭게 말해 보세요.

1 회화를 읽고 대답해 보세요.

① A 如果时光倒流十年，观众A最想做什么？
   B _____

② A 为什么主持人说观众C "英雄难过美人关"？
   B _____

③ A 如果回到十年前，观众D想怎么孝顺父母？
   B _____

④ A 观众E幻想的十年前的样子和自己现在的样子有什么不同？
   B _____

2 회화의 내용을 바탕으로 자신의 의견을 말해 보세요.

① A 请介绍几个电视台或者广播电台的黄金节目。并说一说它们受欢迎的原因。
   B _____

② A 你觉得怎么样才能算孝顺？
   B _____

③ A 十年前的你曾经有过什么梦想？还记得吗？
   B _____

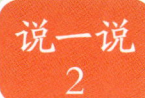

Speaking 2

제시된 단어를 참고하여 다음 주제에 맞게 자유롭게 이야기해 보세요.

1 说一说你的童年生活是怎么度过的?

참고 단어

在……中度过 zài……zhōng dùguò ~에서 보내다 | 无忧无虑 wú yōu wú lǜ 근심 걱정이 없다 | 早熟 zǎoshú 조숙하다 | 做梦 zuò mèng 꿈꾸다 | 幻想 huànxiǎng 상상하다 | 疯玩 fēngwán 정신없이 놀다 | 零花钱 línghuāqián 용돈

2 请说说你曾经虚度过的时光。

참고 단어

贪玩 tānwán 노는 데만 열중하다 | 任性 rènxìng 제 마음대로 하다 | 固执 gùzhí 고집스럽다 | 走冤枉路 zǒu yuānwanglù 헛걸음치다 | 成熟 chéngshú 성숙되다

人生的黄金期

有人把人生称为一次旅行，到底什么时候的风景是最美丽的呢？很多人对此争执不下。是青春浪漫的二十多岁，还是事业爱情两肩挑的三十多岁，抑或是成熟干练的四十多岁，甚至是悠闲舒适的六七十岁呢？

也有人这么对我说，惟其珍贵，才称为黄金，而称为黄金期也同样必须达到这样四个苛刻的要求：一、有充裕的时间可供自我安排，而不是每天忙忙碌碌，心无余暇。二、没有经济负担，可以支配钱，而不是被钱所支配。三、人脉广泛，并且拥有不掺杂物质利益的一帮知己。四、家庭稳定，身体健康。按照这样的条件来比照人生的话，似乎只有三次是比较接近于此的，分别是大学时代，中年时代和退休时代。

大学时代精力充沛，热情洋溢，对一切都抱有好奇心和自信心。身边有着一群志同道合的朋友。学起什么来，也是上手很快、悟性很高。只是随着时间的推移，慢慢地发现：光有理想不行，现实比想象中的更为复杂、多变。更重要的是，面临着从学校到进入社会的一种角色转变。在目前"学士一大把，硕士不稀奇"的就业形势下，能有个收入过得去的工作就已经很不错了，谁还会有心思去想当初的豪情壮志呢？

到了中年，仿佛已经踏入了事业的稳定期和收获期，当初的野心和计划好像正一点点地变成现实，名片上的职位已经多了个"总"字，或"长"字。花钱时也不再小心翼翼地去数有几个零，而是潇洒地甩出一张信用卡来结算。虽然你也想把自己整个身心扔进工作中去，最不可否认的是你的记忆和学习能力显然不如大学时那么强了。尽管工作中面临着各方面的压力，但是来自家庭的烦恼也是你不得不面对的。爱人、孩子、父母谁都需要关心，不过谁来关心你呢？

一转眼到了退休时代，不用听烦人的闹钟，也不用早出晚归、拼死拼活，悠悠闲闲地喝喝下午茶、看看报、炒炒股、见见老朋友。逢年过节，孩子孙子，一大家子人热闹地聚在一块，吃个团圆饭，这一年就算过去了。清闲是清闲，可是总觉得缺少了什么。

这样说起来的话，他们好像都是黄金期，又好像都不是。每个时间段里，都有自己的特点和问题。其实，追究黄金期有什么意义呢？人生的旅程每处的风景都是不同的，既然不可能重来一遍，那走好眼下的路，不错过眼前的美好风景，那么到哪儿都能遇到你的黄金期。

본문을 읽고 대답해 보세요.

① 文中认为黄金期有哪些条件？

② 请说明符合黄金期条件的三个时代，以及它们分别有什么特点？

③ 你认为你人生的黄金期是什么时候？

④ 为了我们各自的黄金期，我们应该准备什么？

练习1 / Exercise 1 写一写

다음 빈칸에 알맞은 답을 중국어로 써 보세요.

1 다음 문장에서 틀린 곳을 찾아 바르게 고쳐 보세요.

❶ 他的作品深受青年观众所欢迎。

　→ _____

❷ 这孩子常借口买书为名，向父母讨钱。

　→ _____

❸ 经过好朋友的帮助下，他终于完成了作业。

　→ _____

❹ 对于孩子的教育问题上，中国父母一向十分重视。

　→ _____

❺ 在演讲中，教授举了龟兔赛跑的寓言为例来说明那个事件。

　→ _____

2 앞뒤 문맥에 근거하여 빈칸에 적절한 한자를 써 보세요.

> 大学时代 ❶_____ 充沛，热情洋溢，对一切都 ❷_____ 好奇心和自信心。身边有着一群志同道合的朋友。学起什么来，也是 ❸_____ 很快、悟性很高。只是随着时间的 ❹_____，慢慢地发现：光有理想不行，现实比想象中的更为复杂、多变。更重要的是，面临着从学校到进入社会的一种角色 ❺_____。在目前"学士一大把，硕士不稀奇"的就业形势下，能有个收入过得去的工作就已经很不错了，谁还会有心思去想 ❻_____ 的豪情壮志呢?

❶ _____　　❷ _____　　❸ _____

❹ _____　　❺ _____　　❻ _____

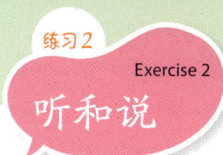

Exercise 2

녹음을 잘 듣고 다음 문제를 풀어 보세요.

1 잘 듣고, 빈칸을 채운 후 큰 소리로 읽어 보세요. 🎧 track 07_4

《_____》确实是一本好书。在这本书里，我_____看到了我们当年的大学时光，每个人都_____美好的愿望走进心中_____，年轻的_____。四年的时光把我们_____。四年时间太短了，到结束的时候，才发现自己那么多的_____，那么好的_____，那么多的_____，那么好的_____。要是当年我们也能看到这样一本书，也许我们的大学会_____。这本书是一个对自己的_____，不单单是_____，还有_____、_____、_____和_____。大学不再仅仅_____了，每个人都是优秀的，如何找到_____很关键。大学生活会_____，书中都提出了_____。一本好书，与所有的朋友_____。只为了人生无悔的青春时光！本书_____哈尔滨出版社_____。

2 잘 듣고, 다음 질문에 대답해 보세요. 🎧 track 07_5

❶ A 这本书的主要内容是什么？你会给自己或者朋友、子女买这样的书吗？
B _____

❷ A 谈谈你四年的大学生活是如何度过的？有什么特别的回忆吗？
B _____

❸ A 如果让你以一个过来人的身份，跟大学新生谈一谈的话，你会怎么建议他们呢？
B _____

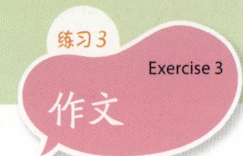

Exercise 3 作文

다음 주제에 맞게 자유롭게 작문해 보세요.

现在的电视栏目数不胜数，既有娱乐性强的综艺栏目，也有知识性强的新闻科教栏目等等，请你写一篇关于你喜欢的电视节目的作文。

STEP 1 提纲 작문할 내용의 개요를 작성해 보세요.

1.

2.

3.

STEP 2 作文 개요를 바탕으로 완전한 글을 완성해 보세요.

摩登时代

chapter 08

会话
如果生活中没有……

课文
白领最痛恨的"四大发明"

语法
忙得不可开交 | 这叫什么事啊
十五个吊桶打水——七上八下
当回事 | 工欲善其事，必先利其器
乱了套 | 说句良心话 | 作鸟兽散

Speaking

현대인의 필수품

여러분은 생활하면서 '이거 없으면 정말 안되겠다!'라고 생각할 만한 것이 있나요? 거의 온 국민이 애용하는 휴대폰, 저녁 시간 집안에 활기를 불어넣어주는 텔레비전, 오고 가는 지루한 시간을 달래주는 MP3, 재미있는 건 다 모아 놓은 컴퓨터, 시시각각 소식을 전해주는 인터넷, 얼굴을 더 예쁘게 만들어 주는 화장품 등 종류도 다양하고 쓰임도 다양한 현대인의 필수품이 있어요.
현대인의 필수품에 대해서 이야기해 보세요.

1. 你喜欢宁静的乡村生活还是繁华的现代生活？

2. 现代电子或数码产品中，你离不开什么？

3. 现代人离不开各种各样的卡，介绍一下你随身带的卡。

生词 扩展 Words & Extension
🎧 track 08_1

- **忙里偷闲** máng lǐ tōu xián 성 바쁜 가운데 잠시 휴식을 취하다, 바쁜 와중에 짬을 내다
  - 虽然工作忙得要命，但是职员们还是会忙里偷闲，喝杯咖啡，聊上几句。

  扩展 苦中作乐 kǔ zhōng zuò lè 고생 속에서 즐거움을 찾다 | 百忙之中 bǎimáng zhīzhōng 바쁜 가운데

- **与世隔绝** yǔ shì gé jué 성 세상 사람들과 왕래를 단절하다, 종종 은거하거나 인적이 없는 외진 곳을 가리킴

  扩展 유의어 : 人迹罕至 rén jì hǎn zhì 인적이 드문 곳
  반의어 : 熙熙攘攘 xī xī rǎng rǎng 왕래가 빈번하고 왁자지껄한 모양

- **生怕** shēngpà 동 (자신이 싫어하거나 두려워하는 상황에 처하게 될까 봐) 몹시 두려워하다
  - 我定了三个闹钟，生怕明天考试迟到。

  扩展 唯恐 wéikǒng 다만 ~할까 봐 걱정이다 | 生恐 shēngkǒng 몹시 두려워하다

- **本末倒置** běn mò dào zhì 성 본말(本末)이 전도되다, 주된 것과 부차적인 것, 중요한 것과 부차적인 것의 위치가 바뀐 것을 비유함

  扩展 舍本求末 shě běn qiú mò 본질을 버리고 부차적인 것을 추구하다 | 买椟还珠 mǎi dú huán zhū 진주 상자는 사고 진주는 되돌려 주다, 본말이 전도되다

- **使唤** shǐhuan 동 (공구·가축 등을) 다루다, (남을) 시키다
  - 因为我的年龄最小，所以在办公室里人人都可以使唤我干这干那。

  扩展 不听使唤 bùtīng shǐhuan 분부를 따르지 않다, 제어가 되지 않는다 | 任人使唤 rènrén shǐhuan 다른 사람에게 심부름을 시키다

- **锦上添花** jǐn shàng tiān huā 성 비단 위에 꽃을 수놓다, 좋은 일에 더 좋은 일이 더해짐을 비유함

  扩展 如虎添翼 rú hǔ tiān yì 범이 날개를 단 격이다, 더 힘이 강해지거나 흉악해지다 | 雪上加霜 xuě shàng jiā shuāng 설상가상, 엎친 데 덮친 격이다

- **鸡飞狗跳** jī fēi gǒu tiào 동 닭을 놀라 날게하고 개를 놀라 펄쩍 뛰게하다, 놀라서 매우 허둥대는 것을 비유함
  - 宿舍里发现了一只大蟑螂，搞得整个宿舍鸡飞狗跳。

  扩展 닭과 개와 관련된 성어: 鸡犬不宁 jī quǎn bù níng 개나 닭조차도 편안하지 못하다, 매우 소란스럽고 불안하다 | 鸡犬升天 jī quǎn shēng tiān 닭과 개도 승천하다, 한 사람이 높은 벼슬에 오르면 그 주변사람들도 권세를 얻는다

- **格子间** gézijiān 명 사무실, 칸막이로 사각형으로 만든 개인 사무구역

  扩展 办公室恋情 bàngōngshì liànqíng 사내 연애 | 办公大楼 bàngōngdàlóu 사무용 빌딩

- **焦头烂额** jiāo tóu làn é 성 머리를 그슬리고 이마를 데다, 궁지에 빠지고 매우 난처함을 형용함
  - 因为几位职员同时提出辞职，老板急得焦头烂额，不知如何是好。

  扩展 内外交困 nèi wài jiāo kùn 안팎으로 궁지에 몰리다 | 四面楚歌 sìmiàn Chǔ gē 사면초가

- **束手无策** shù shǒu wú cè 성 문제를 만나면 마치 손을 묶은 것 같이 어떤 방법도 없다, 속수무책이다
  - 这种病是绝症，所有的大夫都束手无策。

  扩展 유의어: 无能为力 wú néng wéi lì 힘을 제대로 쓰지 못하다, 능력이 없다
  반의어: 急中生智 jí zhōng shēng zhì 다급한 가운데 좋은 생각이 떠오르다

如果生活中没有……

整个办公室正❶忙得不可开交的时候，突然停电了，原来是写字楼的电力系统出了点问题，正在紧急抢修，估计得等上一会儿才能恢复供电。所以办公室里的一帮人不得不停下手中的活儿，忙里偷闲聊了起来。

王琳 唉，❷这叫什么事啊！我写了半天的文件，就这么一下子不见了，刚才也没保存，这下是彻底白费力气了。要是没有电脑，我还能干些什么呀。（低头看自己的手机）还好，手机还能用。要不然，真的会与世隔绝，好像被世界抛弃似的。

秘书 可不是嘛。本来觉得理所当然、微不足道的东西哪天突然消失的话，绝对让人伤透脑筋。像我，就离不开手机。要是某天忘了带手机的话，整天这心里都会❸十五个吊桶打水——七上八下，生怕错过了什么重要的来电。

会计 哟，你又不是什么总经理，还真把自己❹当回事了，少接一个电话又会怎么样呢？要我说，这叫本末倒置。到底是人用手机，还是手机使唤人呢？

男职员 你没听过这句话吗？❺工欲善其事，必先利其器。没有电脑，我们怎么接收邮件、书写报告？没有手机，客户联系不上我们，被炒鱿鱼是小事；太太的电话要是没接到，回家闹个鸡飞狗跳，那才叫麻烦呢！

秘书 要说麻烦呀，丢了卡才真的算麻烦呢。这些卡都是我的宝贝，少了一张也不行。没了公司卡，进不了大门；没有银行卡，取不了钱，买不了东西；没有交通卡，坐不了地铁；没有打折卡，就会白花冤枉钱。你说，现代人的生活谁能离得开这薄薄的卡呢？

会计 比起这些日用品，我更看重的是我的数码宝贝——数码相机和MP3。本来每天闷在写字楼、格子间里，就够郁闷的了，要是连兴趣爱好也没有的话，那就活得太可悲了。我想用数码相机记录下生活中每个有趣和感人的瞬间，而且携带和回放的时候，跟传统相机比起来方便多了。当然音乐更是不可缺的，没有MP3的话，每天上下班的路会变得多么漫长啊！

王琳　我倒觉得要是世界上没有化妆品，那才是末日来临呢。现在让我不化妆出门的话，就好像没穿衣服似的抬不起头来。现代技术让女性变得更美丽、也更有自信了。先天条件、年龄因素都不再成问题了。要是这一切消失不见的话，世界会少了很多美丽的风景。

男职员　到时候，见到的都是不加修饰的自然美，那不是更好吗？本来化妆品就是锦上添花的东西，而不是雪中送炭嘛。说到雪中送炭，我倒想起我家里的小保姆来了。幸亏有她，要不然我们这双职工家庭真会❻乱了套的。

会计　就是就是。我们家也是一样，保姆回老家休假的时候，家里没有人收拾、做饭、洗衣服，孩子也哭着嚷着要阿姨，真是焦头烂额，现在想起来还一身冷汗呢。

王琳　是啊。现代生活的便利不仅仅是各种机器带来的，还有送快递的小伙子、路上卖早饭的大婶、打扫洗手间的阿姨等等。他们在我们的现代生活中确实是不可缺少的。❼说句良心话，比起对什么机器来，我们给予的关心似乎更少。直到他们不在的时候，才发现束手无策、忙成一团。（众同事都表示同意，纷纷点头）

　　这时办公室里的灯突然亮了起来，原来是电路被修好了。众人立即❽作鸟兽散，回到自己的"小格子"里，继续忙碌地工作起来。

1 忙得不可开交

+ '不可开交'는 끝내거나 벗어날 방법이 없음을 형용하며 종종 앞에 忙得, 打得, 吵得를 쓴다. 忙得不可开交는 '눈코 뜰 새 없이 바쁘다'라는 의미이며 유사어로 忙成一团, 忙得团团转, 忙得焦头烂额가 있다.

- 会议上双方的意见截然相反，一时间吵得不可开交。
- 这阵子我真是忙得不可开交，想抽出点时间多关心关心孩子，可是又力不从心。

2 这叫什么事啊

+ 화자가 어떤 일에 대해서 불만족스럽거나 분노함을 나타낸다.

- 李相气哼哼地说：＂那件事跟我也没什么关系，平白无故地被骂一顿。这叫什么事啊！＂
- 上星期买的那件T恤衫尺寸不合适，想换一件，没料到却跑了三趟，你说这叫什么事啊！

3 十五个吊桶打水 —— 七上八下

+ '15개의 두레박으로 물을 길으니 7개는 위를 향하고 8개는 아래를 향한다'라는 뜻의 헐후어이다. 마음이 혼란하고 불안함을 형용한다.

- 虽然鼓起勇气向她表白了，但是看着她不置可否的表情，不知道到底是接受还是拒绝，我的心里像十五个吊桶打水 —— 七上八下。

4 当回事

+ '중시하고 진심으로 대하다'는 뜻으로 부정은 不(没)当回事로 말할 수 있다.

- 上次看他随口一说，我也没把他的话当一回事，没想到他还真的记得。
- 父母们经常犯的一个错误就是不把孩子说的话当回事。

5 工欲善其事，必先利其器

➕ '장인이 일을 잘 하려면 먼저 공구를 잘 다듬어야 한다'는 뜻의 속담으로 일을 잘하려면 기초가 매우 중요함을 비유한다.

- "工欲善其事，必先利其器"，考试之前要看看该带的证件、各种文具等是否都准备好了。
- 我当初为了准备英语听力考试，买了一个最新款的MP3，美其名曰"工欲善其事，必先利其器"，结果买了以后每天用它来听音乐。

6 乱了套

➕ 乱了套는 '혼란스럽고 질서와 계획이 없다'는 뜻이다.

- 搬运工人的罢工让各大码头乱了套。
- 公司就是工作和处理事情的地方。要是老板不像老板，职员不像职员，那还不乱了套?

7 说句良心话

➕ '양심적인 말을 하다'는 뜻이다. 유사어로 说句实在话, 说实话, 不瞒你说, 说实在的 등이 있다.

- 说句良心话，我不是不想帮你，只是实在心有余而力不足。
- 虽然我对老板也时有抱怨，但是说句良心话，他还是个不错的人。

8 作鸟兽散

➕ '놀란 새와 동물같이 이리저리 흩어지다'라는 뜻의 성어로 '황망히 도망가다, 우왕좌왕하며 사방으로 도망가다'의 의미가 있다.

- 坏人们一看见警察来了，就一下子作鸟兽散了。
- 那些酒肉朋友当你遇到困难的时候就作鸟兽散了，只有真正的知己才会雪中送炭。

Speaking 1

다음 질문에 대한 알맞은 대답을 중국어로 자유롭게 말해 보세요.

1 회화를 읽고 대답해 보세요.

① A 秘书如果离开手机会怎么样？
B _____

② A 如果丢了卡，会带来哪些麻烦？
B _____

③ A 会计更看重的是什么东西？为什么？
B _____

④ A 对于化妆品，王琳和男职员各持什么态度？
B _____

2 회화의 내용을 바탕으로 자신의 의견을 말해 보세요.

① A 家用电器、数码产品等给你的生活带来了哪些便利和烦恼？
B _____

② A 你同意"工欲善其事，必先利其器"这句话吗？试着举个例子说明自己的观点。
B _____

③ A 试着举出两个例子分别说明"锦上添花"和"雪中送炭"。
B _____

Speaking 2

제시된 단어를 참고하여 다음 주제에 맞게 자유롭게 이야기해 보세요.

1 请你介绍一下智能手机的功能。

참고 단어

掌上电脑 zhǎngshàng diànnǎo 개인용 휴대 단말기(PDA) | 拍摄 pāishè 사진을 찍다 | 浏览 liúlǎn 대강 둘러보다 | 搜索 sōusuǒ 수색하다 | 扩大 kuòdà 확대하다 | 视频 shìpín 주파수 | 防水 fángshuǐ 방수하다 | 视频通话 shìpín tōnghuà 영상 통화

2 如果有可能，你希望哪些高新科技产品出世？

참고 단어

做梦 zuò mèng 꿈꾸다 | 幻想 huànxiǎng 상상하다 | 款式 kuǎnshì 스타일 | 自动 zìdòng 자동 | 实惠 shíhuì 실리 | 智能化 zhìnénghuà 지능화

모던시대 摩登时代

白领最痛恨的"四大发明"

　　有项调查表明，被千万白领指责的"现代四大发明"依次是打卡机、方便面、床垫和手机。记者分别采访了4名不同行业的白领，与他们畅谈起这"四大发明"。

1、打卡机：为了不迟到选择跳槽
　　　　　　　　(口述者: 张先生，32岁，日企软件公司技术开发)

　　以前公司的老板是个海归，公司搬用美国式的灵活管理，早上可以晚点来，晚上可以早点走，只要按时交出自己的活就可以了。所以"打卡"的概念不是很深。去年跳槽到现在的公司后，我才知道以前是多么幸福。我经常忘记打卡，白白损失了不少辛苦赚到的工钱。有一天早上，我跳上地铁赶往公司，走了几站才发现，一份重要的文件落在了家里，心里暗骂自己是个粗心鬼，赶紧回家取。最后只能心急火燎地打的奔向公司。结果还是迟到了10分钟。
　　打卡机成了我们办公室几个人的"眼中钉"，于是大家私下互助，你代我打早卡，我代你打晚卡。其实我们都是卖力工作的，但是遇到这样的机器，总有一种不被信任的感觉。渐渐地我在心里打起跳槽的算盘，并祈祷下个东家最好没有打卡机"把门"。

2、方便面：当心花容染菜色
　　　　　　　　(口述者: 朱先生，27岁，IT业软件销售人员)

　　进了公司以后，忙得我连洗袜子的时间都没有，更别提吃一顿正儿八经的饭了。于是，既能填饱肚子又方便省事的方便面成了我生活中的亲密朋友。
　　我当然知道健康重要，可每天要忙的工作太多，根本没有时间考虑健康。想我西装革履，一副成功白领的样子，却端着一次性饭碗呼噜呼噜地吃方便面，有时心里还真觉得酸楚。

3、床垫：通宵加班有了借口
　　　　　　　　(口述者: 季先生，29岁，外资银行财务)

当了白领，你想过朝九晚五的正常生活？根本不可能！你只能无奈地和"加班"捆绑在一起。最著名的例子要数深圳一个公司的"床垫文化"。这个公司在初创之际，每个开发人员都发一张床垫。员工经常几天几夜不出办公室，累了就躺在床垫上休息，醒了爬起来再埋头苦干，如此夜以继日才有了公司今天的辉煌。我们公司虽然没有这样超量的加班，但人人都很清楚，想要从新员工熬成老员工，就必须经历痛苦的加班。

4、手机：爱恨交加患上强迫症

(口述者：陶小姐，31岁，药品公司销售经理)

因为工作关系，我每个月有300元的手机话费报销额度。开始我还挺得意，觉得公司福利好，但过了1年，我实在有些受不了"手机生活"了。有时半夜我都会接到老板的来电。听说总是长时间用手机通话的人很容易生绝症，虽然不知真假，但还是有点不安。

上个月，我休了年假，没想到这一休把我休出病来了。没了手机的"骚扰"，我反倒开始失眠、坐立不安。在饭店请个老朋友吃饭，一顿饭吃了两个小时，手机也没响过，以至于邻桌的手机铃声响起，我马上条件反射似的拿起自己的手机。我还看着手机，呆呆地自言自语说："怎么没人打电话给我呢？是不是我手机坏了？"对面的朋友吃惊地伸手摸摸我的额头："你没事吧？"

본문을 읽고 대답해 보세요.

❶ 请说明现代白领最讨厌哪些发明？都是因为哪些原因呢？

❷ 请说说你最喜欢或者最讨厌的现代发明。

❸ 如果可能的话，你还想发明些什么东西？为什么？

练习 1 Exercise 1

写一写

다음 빈칸에 알맞은 답을 중국어로 써 보세요.

1 다음 문장에서 틀린 곳을 찾아 바르게 고쳐 보세요.

① 作为一个翻译工作者，一方面要学好外语，一方面要学好本国语言也是非常重要的。
→ _____

② 我去采访的时候，学校正进行大扫除，同学们有的扫地，有的擦玻璃窗，也有在操场上拔草的。
→ _____

③ 他是一个典型的"说话的巨人，行动的矮子"。干起事来，他比谁都说得动听，可是做得比谁都差。
→ _____

④ 我有不明白的地方，老师都很乐意教我，觉得他们好像我的长辈。
→ _____

⑤ 当老师做化学实验时，同学们的眼睛都集中在老师手中的烧杯上。
→ _____

2 앞뒤 문맥에 근거하여 빈칸에 적절한 한자를 써 보세요.

> 当了白领，你想过朝九晚五的正常生活？根本不可能！你只能①_____地和"加班"②_____在一起。最著名的例子③_____深圳一个公司的"床垫文化"。这个公司在初创④_____，每个开发人员都发一张床垫。员工经常几天几夜不出办公室，累了就躺在床垫上休息，醒了爬起来再⑤_____苦干，如此夜以继日才有了公司今天的⑥_____。

① _____   ② _____   ③ _____
④ _____   ⑤ _____   ⑥ _____

Exercise 2

녹음을 잘 듣고 다음 문제를 풀어 보세요.

1 잘 듣고, 빈칸을 채운 후 큰 소리로 읽어 보세요.　　track 08_4

　　在手机已成为_____的现代都市里，相信大多数职场白领都没有手机的生活。然而，一部分拒绝被手机_____的白领们，主张将_____"收回"到自己手中，_____地享受自由生活。我的朋友张鹏就是一个"无机族"，他说："像我这种人_____，每天_____在公司_____在家里，有_____、MSN、QQ和电子邮件，还会_____什么重要信息呢？"因为手机，每天都得接_____的电话，这其中很大一部分是_____的联系电话，反而_____工作和生活。

　　当然，_____不用手机是_____，也有偶尔碰到不方便的时候。遇到_____，得向别人借电话，站在电话亭边等人，甚至通过_____告知别人他在什么地方……但比起不用手机带来的自由感，偶尔的小麻烦就_____。享受着"无机"乐趣的白领们也表示，职场需要_____的交流，保持_____对大部分人而言是十分必要的，这就决定了大部分人不能像他们那样，勇敢地_____。

2 잘 듣고, 다음 질문에 대답해 보세요.　　track 08_5

① A 白领们为什么想当"无机族"？
　 B _____

② A 张鹏除了手机之外，还有什么联系方式？
　 B _____

③ A 不用手机会带来什么麻烦？
　 B _____

④ A 大部分人能够当上"无机族"吗？为什么？
　 B _____

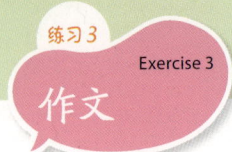

Exercise 3

다음 주제에 맞게 자유롭게 작문해 보세요.

> 现代生活中广告随处可见，广告究竟是利大于弊，还是弊大于利呢？你对此是如何看待的呢？请你写一篇关于广告利弊的作文。

STEP1 提纲 작문할 내용의 개요를 작성해 보세요.

1.

2.

3.

STEP 2 作文 개요를 바탕으로 완전한 글을 완성해 보세요.

new 스피킹 중국어 고급 上

부록

해석 会话
　　　　课文
정답 语法
　　　　说一说 1·2
　　　　课文
　　　　写一写
　　　　听和说 (녹음원문 포함)
　　　　作文

찾아보기

chapter 01 成功者需要什么?

성공한 사람은 무엇이 필요한가?

어떠한 인생이 성공한 셈인가?

무엇이 성공인가? 이는 이미 오래된 화제이다. 하지만 오랫동안 결론 하나 없다. 어쨌든 이것은 사람마다 견해가 다른 일이다. 이것 보라. 한 집안 사람들이 또 논쟁하기 시작했다.

라오왕 요즘 TV에서는 늘 이렇게 시끌벅적대는 선발대회를 방송하는데 정말 재미없어. 선발되면 마치 하루아침에 성공할 수 있는 것 같잖아. 나이도 젊은데, 뭘 하든지 좋지 않겠어? 하루 종일 노래 부르고 춤추는 것만 아는데 무슨 장래성이 있겠어? 그들이 며칠이나 영광을 누릴 수 있을지 누가 알겠니? 사람이나 사물은 끊임없이 교체되기 마련이라, 얼마 지나지 않아 그들을 기억하는 사람이 없게 되지. 성실하게 공부하여 좋은 직장을 구하고 한걸음한걸음 위를 향해 오르면 자연히 성공하는 날이 있을 거야. 때가 되어 공을 세우면 명성도 얻게 되고, 조그마한 관직 하나 구하면 한평생 철밥통이잖아. 이것이야말로 성공한 인생인 거야.

주아이 됐어요. 당신은 어쨌든 국장급 간부였는데도 퇴직 후에는 여전히 가난하고, 직위를 떠나니 당신에게 관심 갖는 사람도 없고, 뭘 좀 부탁하려 해도 여기저기 굽실거리며 애원해야 하잖아요. 이래도 성공했다고 할 수 있어요? 애들아, 너희들은 절대로 아빠처럼 고지식하게 굴지 말거라! 요즘 세상은 권력 있는 사람이 돈 있는 사람을 못 당하는데, 무슨 철밥통이고 아니고야. 단지 국민의 공복 (公僕)일 뿐이지. 차, 돈, 집을 가지고 있는 것만이 실제적인 거야. 저 기업 사장들 좀 봐, 얼마나 근사하니? 사고 싶은대로 사고, 어딜 가든 많은 사람이 따르고 누구의 눈치도 볼 필요 없고 말이야. 그런 것이야말로 진정한 성공인사라고 할 수 있지!

왕샤오 엄마, 아빠 두 분 모두 케케묵은 생각을 바꾸셔야 해요. 모든 길은 로마로 통하죠. 성공은 회사에 앉아 팽이처럼 일만 하거나 하루 종일 회의하고 일장연설을 듣는 것만이 아니에요. 속담에 '이름을 알리려면 서둘러야 한다'라고 했어요. 만일 70~80살이 되어서야 성공한다면 아무런 의미가 없게 되죠. 요즘 TV의 그 젊은이들이 명성이 없다는 것만 보지 마세요. 만약 1등만 한다면 골목마다 사람들이 다 아는 대스타가 되는 거예요. 성공이란 것은 이름을 만방에 알리는 거 아닌가요?

왕린 그것은 단지 일시적인 것뿐이에요. 여러분의 말대로라면 성공이 설마 '名, 利' 두 글자뿐이란 말인가요? 제 생각에 성공은 내가 정말 하고 싶은 일을 해냈고 게다가 만족감과 성취감을 얻은 것이라고 봐요. 오빠, 어제 드디어 운전면허증을 따지 않았어? 그것 역시 성공이라고 할 수 있어. 성공을 너무 멀리 보지 마. 그것은 단지 일종의 느낌일 뿐이야. 평범한 사람 역시 그들만의 성공이 있다고.

라오왕 음, 우리 딸 말도 맞네. 그 당시를 생각해 보면 너희 아빠가 팀장이 되었을 때, 이 집을 배분 받았지. 너희 두 남매가 신나게 뛰어다니는 것을 보고 있으면 정말 성공의 기쁨을 느꼈어!

주아이 샤오린아, 만약 올해 네가 시집을 갈 수 있다면 그거야말로 큰 성공이란다! 네 결혼 축하주 마시는 것을 기다리고 있느라 머리카락이 다 세겠다.

왕샤오 엄마, 그건 불가능한 일이에요! 배우자가 찾는다고 하면 찾아지는 건가요? 게다가 우리 아가씨의 이 성질은요! 해가 서쪽에서 뜨는 걸 기다리는 편이 낫죠.

왕린 누가 그래! Impossible은 바로 I'm possible이야. 내가 결심만 한다면 성공 못할 일은 절대로 없어. 두고 보라고!

语法

1 俗话说: "**长江后浪推前浪**", 再尖端的产品, 最终也会退出历史的舞台。
2 当初人家主动送上门来的时候, 你死也不领情。结果弄得现在**求爷爷告奶奶**的, 何苦呢?
3 你别总是**一根筋**, 这样对谁都没有好处。
4 青春再美, 也**敌不过**岁月的侵蚀。
5 **什么**学历**不**学历**的**, 结婚重要的是内在, 学历、金钱都是些华而不实的东西。
6 名誉、金钱、地位, 都**不过**是过眼云烟**罢了**。
7 你也**换换脑筋**吧, 都什么年代了, 还讲究门当户对?
8 **条条大路通罗马**嘛, 你也不要太钻牛角尖了, 换换脑筋又会柳暗花明的。

说一说 1

1. ❶ 老王觉得选秀大赛又吵又闹, 没意思透了。他觉得参加选秀的人, 整天只知道唱歌跳舞, 没什么出息。即使被选上, 也风光不了几天, 不如踏踏实实地读好书、找份好工作, 一辈子都是铁饭碗。

❷ 朱阿姨认为, 有车子、有票子、有房子、有气派, 想买什么买什么, 去哪都是前呼后拥, 而且不用看别人的脸色的企业老板才是真正的成功人士。因为她觉得这年头有权的敌不过有钱的。

❸ 王潇认为对于成功"条条大路通罗马", 坐在办公室里像陀螺似的工作, 或是整天开会、听长篇大论是成功的一种; 电视上参加选秀的人虽然是名不见经传的普通人, 但是一旦夺了冠, 就是街头巷尾人人皆知的大明星了, 这也是成功的一种。

所以不能歧视任何一种正当的成功途径。

❹ 王琳认为成功就是做好了一件自己非常渴望做的事，并且获得了满足感与成就感。她认为成功并不一定就是"名、利"二字，而是一种感觉。成功并不遥远，凡人也有凡人的成功。

2 ❶ 我对选秀节目持肯定态度。选秀也是一种成功的捷径。参赛者通过选秀向人们展示自己的才华和魅力，最终得到大众的承认，一夜成名。每个人都有自己获得成功的途径和方式，只要这种途径和方式是合理合法的，我们就不应批评，而应给予他们掌声和鼓励。因为每个人是不一样的，因此每个成功也必将是不一样的。

❷ 我喜欢铁饭碗。对一个人来说，铁饭碗意味着一辈子衣食无忧。在这个物竞天择，适者生存的时代，铁饭碗无疑是最上的选择：收入稳定、待遇优厚、压力适中、老年生活有保障等等。不管时代如何改变，不管社会如何发展，拥有铁饭碗的人永远不用担心被炒鱿鱼，永远不用担心被社会淘汰，更加永远没有晚年生活的后顾之忧。

❸ 到目前为止，我人生中最大的成功要数大学及第了。从小学到高中，十几年的努力奋斗，最终就是为了考上理想的大学，好出人头地。收到大学录取通知书的那一瞬间，我激动得热泪盈眶，心中万感交集。我想把我的喜悦分享给更多的人，几乎一整天都是在打电话向亲朋好友报喜之中度过的。每每想起那一瞬间，都难掩心中的喜悦之情，眼角也会随之湿润起来。

说一说 2

1 比尔·盖茨曾经为了实现自己的梦想而毅然决然地从令人艳羡不已的哈佛大学退学，创办了举世闻名的微软公司，成为全世界开发电脑操作系统的第一人，也因此而成为全球第一富翁。虽然他现在退休在家，但仍不忘回报社会，将自己的余生投入到慈善事业中，因而赢得了全世界人的尊敬。

2 我认为成功最重要的条件就是努力。高尔基曾说："天才出于勤奋。"可见，努力对于成功的重要性。一分耕耘，一分收获，只有倾注汗水与心血，才能有所成就。另外，一个人如若想成功，忍耐也是很重要的。因为不懂得忍耐的人，做事往往容易半途而废。只靠运气，永远不会有大成功，要知道天上是不会掉馅饼的。

课文 윈윈(win-win)

무엇이 윈윈(win-win)인가. 이름을 보고 뜻을 짐작할 수 있듯이 바로 쌍방이 모두 이득을 얻을 수 있음을 말한다. 밥이 있으면 다같이 함께 먹고, 사탕이 있으면 모두 나누어 먹는다. 이렇게 한다면 누구나 모두 이득을 맛볼 수 있다.

어릴 때부터 우리는 '사람들은 나를 위하고, 나는 사람들을 위한다'라고 교육받는다. 하지만 성장한 후에, 우리는 또 점차 '생존경쟁을 통해 자연에 적응한 것만 선택되어 살아남는다'는 이치를 깨닫게 된다. 한 사람이 살아남으려면 끊임없는 경쟁이 필요하다. 그런데 경쟁을 언급하기만 하면 사람들의 머릿속에는 바로 참혹한 장면이 떠오른다. 경쟁은 어떤 정도에서는 다른 사람이 자신의 이익을 상실하는 것을 대가로 삼는 것과 같다.

하지만 사실 현실생활 속에서 윈윈(win-win)은 많이 볼 수 있다. 바닷속에서 어떤 물고기는 오로지 큰 물고기의 작은 미생물을 청소하고, 큰 물고기도 그들을 먹어 삼키지 않는다. 이렇게 큰 물고기와 작은 물고기는 무의식적으로 윈윈(win-win)을 실현하는 것이다. 열대 개미와 어떤 식물 간에도 윈윈(win-win)을 실현시킬 수 있다. 개미는 식물을 이용해서 올가미와 함정을 만들어 곤충을 잡고 곤충의 일부 배설물은 식물의 자양분이 된다.

인간 세상은 또 어떠한가? 고등학교 시절, 선생님께서 알려 주셨던 이야기가 기억난다. 한 노인이 고속으로 달리는 기차에서 조심하지 못하여 방금 산 새 신발 한 짝을 창문 밖으로 떨어뜨렸다. 주위 사람들이 곱절로 안타까워했지만 노인은 뜻밖에도 다른 한 짝을 바로 창문으로 던져버렸고, 이 행동이 사람들을 더 놀라게 했다. 노인은 '이 한 짝 신발은 아무리 비싸도 나에게는 이미 소용이 없겠소. 만일 누군가 이 신발 한 쌍을 줍는다면 그가 신을 수도 있지 않소!'라고 설명하였다.

이것이 바로 일종의 소박한 '윈윈(win-win)' 사상이다. 이 세상은 이렇게 크지만 모든 사람이 강하지 않다고 해서 약한 것도 아니고, 모든 일이 승리하지 못했다고 해서 실패한 것도 아니다. 삶을 하나의 협력의 무대로 보는 것이지 격투 경기장은 아니며, 진정한 성공은 다른 사람을 누르는 것이 아니라 각 방면 모두 유리한 결과를 추구하는 것이다. 서로의 협력을 통해 서로 교류하고 혼자의 힘으로 이루기 어려운 일을 실현시키는 것이다.

다른 사람이 자신을 위해 무엇을 해주길 바라는 동시에 우리 자신도 다른 사람을 위해 무엇을 할 수 있는지 생각해 보길 바란다.

정답

❶ 双赢，顾名思义就是双方都得到好处，有饭大家一起吃，有糖大家分来食。这样的话，谁都能尝到甜头。

❷ 我喜欢竞争。竞争具有两面性。竞争的好处是：可以提高各个人的能力，让每个人都对自己所做的事充满热情，刺激人的进取心，这样无论是个人，还是公司企业，都能谋求到更好的发展。竞争的坏处是：它会给人带来更大的压力，让人不得不在工作和学习之余也要继续充电，武装自己，

使得本来已经疲惫的身心更加疲劳，有甚者更会引起忧郁症。

❸ 大海里某些小鱼专门清理大鱼身上的小微生物，而大鱼也从不吞吃它们，这样大鱼与小鱼在不经意间实现了双赢。热带蚂蚁和某种植物之间也能实现双赢：蚂蚁利用植物作为牢笼和陷阱捕捉昆虫，昆虫的一部分排泄物则成为植物的养料。
人类世界中双赢的例子是：一位老人坐在高速行驶的列车上，一不小心把刚买的新鞋从车窗掉了一只，周围的人都感到很惋惜。可是出乎意料的事发生了：老人马上把第二只鞋也扔了下去。因为他觉得这双鞋不管有多么昂贵，对自己来说已经失去了价值。若是有人捡到这双鞋，说不定可以穿。

❹ 比如说最近在互联网上很流行的打折网站。很多商家为了给自己做广告，而选择通过各种打折网站进行打折销售，网民们通过打折网站上的信息，可以买到更加经济实惠、物美价廉的产品。商家获得了经济上的利益和巨大的广告效果，而顾客们则能购买到自己心满意足的东西，这就是一种双赢。

写一写

1 ❶ 放心吧，我一定会早点儿到那儿。
    '동사 + 得 + 정태보어'의 형식은 미래에는 쓰지 않는다.

❷ 我真讨厌听别人唠叨。
    '是……的' 강조용법은 '是'를 생략할 수 있으며 주로 과거의 일에 쓴다.

❸ 我的坏习惯是常常抖脚。
    '发抖'는 자동사, '抖'는 타동사이므로 '抖脚'로 바꿔야 한다.

❹ 我试了试皮鞋后，决定不买了。
    '동사 + 一 + 동사'의 동사 중첩 형식은 과거에는 쓰지 못하므로 '동사 + 了 + 동사'의 형식을 써서 '试了试'로 바꿔야 한다.

❺ 市场的东西没有超市贵。
    '比자문'의 부정은 앞에 나와야 하며 정도부사를 쓰지 못한다.

2 ❶ 曾经   ❷ 行驶   ❸ 惋惜
  ❹ 立即   ❺ 举动   ❻ 捡到

听和说

1 「녹음원문」

松下幸之助到一家餐厅用餐，点了一份牛排。结果牛排只吃了五分之一，他就放下了手中的餐具。这时，松下对助手说："你去把厨师找来。"助手心想："这个厨师要倒霉了。"厨师战战兢兢地来到松下的面前，问道："先生，是不是我的牛排做得不好？"松下幸之助笑着对厨师说："我就是怕你会这么想，所以才特地把你找来。这份牛排给退回厨房的时候，你和你的同伴就一定会这样认为的。其实你的牛排做得很好，刚好七分熟，很是鲜嫩美味；只不过我是个70岁的老人，所以我只能吃五分之一，这并非是你的过错。不仅如此，我还想向你表示感谢。"
如果你是那位厨师，你会有何感想？这不单是一种莫大的鼓励和赞赏，同时也让身边的人对松下幸之助的品德佩服不已，正是由于拥有这种利人利己的双赢沟通习惯，他能创立松下电器帝国就一点都不奇怪了。

2 ❶ 他在餐厅点了一份牛排，但他只吃了五分之一。
  ❷ 厨师来的时候战战兢兢的。
  ❸ 如果他吃剩的牛排被退回厨房后，厨师和他的同伴会误以为自己做得不好吃，所以被退回来。他这样做是为了避免厨师误会。
  ❹ 他是一位具有高尚品德的人，他懂得称赞和鼓励他人，时时刻刻为他人着想，拥有利人又利己的双赢沟通习惯。

作文

 提纲

❶ 一般人眼中的成功
  : 有人认为成功是赚大钱，有人认为成功是功成名就……

❷ 我对成功的定义
  : 小时候，我认为成功是得到我喜欢的玩具，买到漂亮的衣服……

❸ 举例说明成功的定义
  : 名人或者普通人的事例

STEP2 作文

世界上每个人都渴望成功，可是每个人对于成功的理解和认识都是不同的。词典里的解释是：事业或工作取得预期的结果即为成功。但是就我个人而言，我对成功的理解，却随着年龄的增长而发生了改变。

小时候，跟妈妈吵着要玩具，要漂亮的衣服，当这些要求被满足时，便认为那是成功。上小学时，比别的同学更快举手回答老师的问题，得到老师的称赞时，就觉得自己是最了不起、最成功的人。上高中时，考上名牌大学无疑就是成功的象征。现在工作了，过去以为的那些所谓的成功的标准都已远离了我。于是，我一度陷入了困惑，到底什么是成功呢？

然而，有一天电视里播放的一部纪录片吸引了我的视线。有一位老人，他每天拿着小铲子，准时出现在各条大街小巷，几十年如一日，为的就是把那些非法粘贴的小广告清除干净。谁都知道，马路上的小广告到处都是，"野火烧不尽，春风吹又生"，即使清除干净了，第二天没准又会在老地方贴上了新的广告。但是老人说："只要我多清除一张，小广告就会少一张，总有一天会清除干净的。"从他坚定的神情中，我突然明白了成功的意义。

其实成功无所谓大小，它就在我们平凡的学习、生活中，就在不懈的努力和奋斗中。当我们解决了一道难题；或是忍住了一顿美食的诱惑而减重成功；抑或是在向别人伸出援助之手而换来一声"谢谢"的时候，这些都是成功。其实，成功就是这么简单！

chapter 02 爱情是什么?
사랑은 무엇인가?

028

会话　말로 다 할 수 없는 사랑

속담에 여자 셋이 모이면 그릇이 깨진다는 말이 있다. 더군다나 한 무리의 여자들이 한데 모이면 그 화제는 분명히 사랑이라는 것을 벗어날 수 없다. 이것 보라, 사무실의 점심 휴식시간에 왕린과 여사 동료들이 떠들썩하게 이야기하고 있다.

비서　영업부의 리우샹이 이혼했다던데, 게다가 아내가 이혼을 제기한 거래요. 도대체 어떻게 된 거예요? 결혼한 지 불과 몇 개월 되지도 않았는데, 어떻게 말 나오자마자 이혼을 해요? 그들 둘은 또 연애했고 무슨 맞선으로 안 것도 아니라, 결혼의 기본 이치대로 말하자면 나쁘지 않았잖아요.

회계　문제가 바로 이 연애에서 나온 거예요. 만약 맞선으로 만났더라면 오히려 좋았죠. 쌍방의 가정 조건이 너무 차이 나고, 여자 쪽에서 리우샹이 농촌 출신이라는 것이 눈에 차지 않았던 것 같아요. 이렇게 계속 반복하다 보면 갈등은 갈수록 쌓이고 많아지지요. 그렇지 않으면 어떻게 '门当户对(혼인에 있어서 두 집안이 엇비슷하다)'라는 성어가 있겠어요. 결혼은 두 사람의 애절한 사랑만 있다고 되는 게 아니고, 가정배경이나 경제 조건 등등 모두 어쩔 수 없이 고려해야 할 '하드웨어'적인 문제예요.

안내　내 생각엔 '빵'이 없는 '장미'(没有面包的玫瑰 : 경제적으로 부족하고 사랑만 있다)는 얼마 피지 않아 바로 시들어 버리고, '빵'만 있고 '장미'가 없으면(只有面包没有玫瑰: 경제적 조건은 좋으나 사랑이 없다) '빵'도 언젠가는 먹기 싫어질 수 있죠. 모든 사람의 사랑이 다 달라서 행복은 모두 스스로가 붙잡아야 해요. 두 사람이 함께 노력한다면 언젠가는 '장미'도 있고 '빵'도 있을 거예요.

회계　젊은 사람은 아무튼 단순하다니까요! 하지만 그것도 좋아요. 젊음을 이용해서 눈 크게 뜨고 잘 골라야죠! 좋은 기회는 놓치면 다시 오지 않잖아요! 만약 결혼을 했다면 눈 딱 감고 봐 줄 수 밖에요.

비서　너무 골라서 오히려 시간만 허비할까 봐 걱정이죠. 한 해 한 해 갈수록 좋지 않잖아요. 나의 한 친구는 대학 졸업 때, 백마 탄 왕자를 찾기로 결심했죠. 외모, 키, 직업, 저축, 성격 등 고르지 않은 게 없죠. 그런데 주변을 한 바퀴 다 골라 봐도 마음에 드는 사람이 한 사람도 없었어요. 눈깜짝할 사이에 서른이 되어가고, 고연령이 되고 난 후에는 다른 사람이 그녀를 고를 차례가 됐죠.

왕린　결혼이 장을 보는 것도 아닌데 무슨 서둘러야 하고 늦으면 안 되는 게 있나요? 나는 오히려 그 30대의 '三高' 여성들이 부러운걸요. 고학력, 고소득, 높은 직위를 갖고 있고, 집안일과 아이에게 얽매이지도 않고 다채로운 삶을 보내고 있잖아요. 사랑이라는 것, 그녀들에게는 아쉬운 대로 참고 견디는 것이 아니라 조건만 갖추어지면 자연히 성사되는 거예요.

회계　그렇다면 내가 왕린에게 경종을 좀 울려줘야 겠네요. 그녀들이 바로 그 무리 중에서 매우 뛰어나서 그녀들의 반쪽이 되기에는 스트레스가 너무 크기 때문에 남자들이 오히려 뒷걸음질 치는 거라고요. 남자는 나이가 되면 장가가야 하고 여자는 나이가 되면 시집가야죠. 만일 '여신'이 정말로 '노처녀'가 되면 그때는 후회해도 늦어요.

비서　(시계를 보며) 벌써 1시네요! 우리 회의에도 늦겠어요!

语法

1 正所谓 "三个女人一台戏"，女人们一见面就东拉西扯，聊个没完没了。

2 有心上人的话就应该及时表白，机不可失，时不再来啊！

3 对于腐败行为，我们绝不能睁一只眼闭一只眼，而应予以严厉打击。

4 由于经济不景气，老百姓的生活真是老太太过年——一年不如一年啊。

5 老人们常说结婚应该赶早不赶晚，我却不敢苟同。

6 全球变暖给人们敲响了保护环境的警钟。

7 现在的大龄未婚男女越来越多，<mark>男大当婚，女大当嫁</mark>的观念已成了过去式了。

8 世上没有<mark>后悔药</mark>可<mark>吃</mark>，因此无论做什么事，都应深思熟虑后再做决定。

1 ❶ 因为刘祥跟妻子的家庭条件相差太悬殊，女方家庭看不上刘祥的农村出身，一来二去的，矛盾越积越多，最后女方提出了离婚。

❷ 卿卿我我的爱情是结婚的前提条件，但是家庭背景、经济条件、学历等也是不得不考虑的"硬件"问题。

❸ 秘书的一个朋友大学毕业时，立志要找个白马王子。长相、个头、职业、存款、性格什么的，没有不被挑到的。可是挑了一圈，挑花了眼，一个也没看中。一转眼，她也奔三了，成了大龄青年后，轮到她被别人挑了。

❹ 学历高、收入高、职位高。

2 ❶ 自由恋爱的优点是：在结婚之前就已经对对方的家庭背景、经济情况、性格等方面有一定的了解，互相知道对方的缺点，因此发生问题时，也更容易理解和让步，婚姻基础好，感情不容易破裂。

自由恋爱的缺点是：自由恋爱结婚的人，一般恋爱期间较长，新婚时的新鲜感也便很容易消失。当爱情冷却时，双方往往会将结婚后的生活与恋爱时作比较，最终导致二人之间的感情出现裂缝。

相亲的好处是：因是经人介绍认识的，男女双方可以在见面之前来判断对方的条件是否适合自己。另外，相亲结婚的人，往往经过短暂的交往后便走进婚姻的殿堂，爱情的新鲜度保质期较长。

相亲的坏处是：只看对方的外在条件，不了解其内在的真实性格。其次，相亲的人大部分是急于结婚的，很可能在尚未了解对方的情况下就已经结婚了。结婚后才发现两个人不合适，但此时已经是进退两难了。

❷ 我本人并不重视门当户对。现实生活中，我们可以看到很多"灰姑娘"飞上枝头变凤凰的故事。结婚重要的是爱情基础，在婚姻面前人人平等，学历、财力、社会地位等等只是一些外在的东西，它并不代表孰优孰劣，也不能给人带来真心和幸福。婚姻应该是两个人爱情的完美结合。

❸ 挑选恋爱对象时，我会选择跟我喜欢的人交往，只要我喜欢，其他的都不重要。但是结婚要面对的是生活、是现实。两个人要一起生活一辈子，必须具备一定的条件。首先，在"硬件"方面，我比较看重对方的潜力，所以我会选一支"潜力股"。其次，在"软件"方面，我比较重视对方的性格。我理想的人生伴侣是一个能够包容我、谦让我、呵护我，同时还能尊重我的人。我不喜欢大男子主义，更不喜欢干涉和被干涉，我希望我的另一伴也是如此。

说一说 2

1 我的初恋是在高三那一年。他长得简直跟我的梦中情人一模一样，第一次看到他，我就知道我对他动了心。虽然我想很对他说："我对你一见钟情，你愿意和我交往吗？"可是我没有那个勇气。更让我受打击的是帅哥竟然连正眼都不看我一眼。终于我忍不住将这件事告诉了我最要好的朋友，没想到朋友却告诉我他已经有女朋友了。结果，我的初恋在我还未来得及表白之前就夭折了。

2 封建时代如若想结婚，必须经人介绍方可，自由恋爱是绝对不被允许的。
梁山伯与祝英台就生活在那个时代，他们是在学堂认识的。二人朝夕相处，日久生情，祝英台暗恋着梁山伯，却苦于自己女扮男装，无法向梁山伯表白。终于梁山伯知道了祝英台的女子身份，于是去祝家提亲，希望与祝英台相濡以沫，白头偕老。可是此时祝英台已经被父母许配给马文才，梁山伯得知此消息后一病不起，不久便离开了世上。祝英台在出嫁那天，经过梁山伯的坟墓，突然坟墓中间裂开一道缝隙，祝英台毫不犹豫地跳了进去。过了一会，从坟墓里飞出一对蝴蝶，据说它们是梁山伯与祝英台的化身。

 사랑과 돈

한 여자 친구가 우연히 한 잘생긴 꽃미남을 만났다. 두 사람은 막 만나자마자 첫눈에 반했다. 하지만 며칠 지나지 않아 여자는 꽃미남의 치명적인 결점을 하나 발견했다. 바로 돈과 관련만 되면 꽃미남은 숨기려 해도 숨길 수 없는 옹색한 얼굴을 하는 것이었다. 그녀를 가장 참기 힘들게 하는 것은 꽃미남은 그런(돈을 쓰는) 척조차도 하지 않으려고 하며, 그가 지갑을 꺼내는 것을 본 적도 없다는 것이다. 이렇게 몇 번을 하니 여자 친구의 마음속 사랑은 그 절반이 사라져 버렸고, 뒤이어 이 아름다운 만남을 단호하게 끝내 버렸다.

또 다른 한 여자 친구는 항상 기쁨에 겨워 그녀의 남편이 그녀에게 사 준 머리핀, 귀걸이 등 별 것 아닌 물건들을 나에게 보여 준다. 때때로 나는 이러한 물건은 작은 가게에 한 무더기로 있는

데 이렇게까지 기뻐할 것 있냐고 대충 얘기한다. 그녀는 그것과는 다르고, 그가 나에게 준 작은 선물은 그의 마음에 내가 있다는 것을 보여 주며, 그의 돈을 써서 나를 기쁘고 행복하게 해 주어 성취감을 느끼게 해 준다고 얘기한다.

남자의 돈을 쓰느냐 마느냐, 남자의 돈을 얼마나 쓰느냐라는 이 역사는 현재까지 남아있는 문제로, 줄곧 사랑하느냐 사랑하지 않느냐와 함께 뒤얽혀있다. 감성적인 여자는 결국 항상 사랑의 따뜻함을 볼 수 있고 만질 수 있는 물질로 실현시켜, 남자의 돈을 씀으로써 서로 사랑함을 증명하고 빈틈이 없고, 그와 반대되면 두 사람은 여전히 거리감을 갖고 있는 것이다. 이렇게 물질은 마치 사랑이 견고한지의 여부를 재는 중요한 꼬리표가 되었다.

사랑과 돈은 당연히 동일시될 수 없다. 하지만 부인할 수 없는 것은 사랑과 돈은 다소 매우 긴밀한 관계를 맺고 있다는 것이다.

어떤 사람은 여자가 남자의 돈을 쓰는 것이 그들의 교제 상태와 매우 관련이 많다고 한다.

만약 여자가 그 남자를 사랑하지 않는다면, 남자가 그녀를 위해 돈을 쓰는 것에 대해 통상적으로 두 가지 처리 방식을 택한다. 첫째, 욕심 많은 여자는 비록 상대를 사랑하지 않아도 돈에 대해서는 오는 것은 막지 않는 태도를 취한다. 둘째, 진실된 여자는 사랑하지 않는 이상 상대의 돈을 쓰기 싫어하고 상대의 감정에 빚지고 싶어하지 않는다.

만약 여자가 남자에게 단지 조금의 마음만 있다면, 남자가 그녀를 위해 쓰는 일부의 돈만 적당히 받아들일 것이다.

만약 여자가 남자를 사랑하게 되면, 그녀가 사랑하는 남자의 돈을 즐겁게 쓸 것이고 그것은 행복한 일이라고 생각할 것이다.

만약 여자가 그 남자를 깊이 사랑하면, 남자가 그녀를 위해 돈을 쓸 때 어떻게 하면 남자가 돈을 아낄 수 있을까를 생각하게 되고, 남자가 아무렇게 돈을 쓰는 것을 좋아하지 않는다.

지금 당신이 어떤 여자 혹은 어떤 남자인지는 모르지만, 어쨌든 당신이 분수에 맞게 처신하고 사랑과 돈 모두에 자유자재로 능숙하게 처리하는 사람이 되기를 희망한다.

정답

❶ 第一位女友偶遇一位帅哥，两人一见钟情。但不出几日，女友便发现帅哥一个致命的缺点——只要涉及金钱关系时，帅哥就一脸藏也藏不住的小家子气，甚至连做做样子都不肯，最终女友坚决了断了这场美丽的邂逅。
第二位女友常常喜滋滋地向我展示老公买给她的一些不起眼的小礼物。她认为老公送她礼物，说明老公心里有她。花老公的钱，让她快乐、幸福，有成就感。

❷ 如果我是男生，我觉得我会愿意为女友花钱的。因为真正爱一个人是不会去计较金钱的。为心爱的人花钱，不仅不是一种浪费，看到她快乐，反而会让我有一种成就感。偶尔给对方一个惊喜，会让爱情更加甜蜜，何乐而不为呢？
如果我是女生，我想我会接受男朋友为我花钱买的礼物。因为那是他的心意。但我不会向男朋友要求礼物，更不会给男朋友造成经济上的负担。当然，我也会偶尔给对方一些小小的惊喜。礼尚往来嘛，聪明的女人是不会不懂得这个道理的。

❸ 我同意。我也是一个女人，我对文中笔者的说法深有同感。不过我跟一般女人不太一样的是，当我爱上一个男人的话，我会尽量为他省钱。因为我觉得在恋爱上男女也是平等的，花钱也应是互相的，而不是单方面的付出，为对方省钱，也就是为自己省钱。在经济上，我不想给对方，也不想给自己造成负担。这样才是公平的恋爱，不是吗？

❹ 我认为爱情与金钱有着密不可分的联系。爱情固然是第一位的，但是在婚姻生活中，如果只有爱情，而没有金钱，那么定会因为柴米油盐的小事而发生争吵；同样，只有金钱而没有爱情的婚姻也是不幸的，和一个不爱的人生活一辈子，恐怕是世界上最痛苦的事吧。若想天长地久，爱情与金钱这两个要素是缺一不可的。

写一写

1 ❶ 韩国泡菜<u>在英国也能买到</u>。
'在英国'는 상황어로 동사의 앞에 놓여야 하며, 한국 이외의 나라에서 김치를 살 수 있다는 것이므로 '买到'라고 결과보어를 붙여 강조해줘야 한다.

❷ 父母常<u>对孩子说</u>："<u>多吃点好吃的</u>。"
'说'는 직접 목적어를 받지 않고 앞에 '对'나 '跟'이라는 개사를 써서 대상을 나타낸다. 또한 상태를 나타내는 형용사와 부사는 동사 앞에 써야 하므로 '多吃'라고 해야 옳다.

❸ 你很<u>适合</u>穿这件衣服。
'合适'는 형용사로 목적어를 동반하지 못하지만 '适合'는 동사이므로 가능하다.

❹ 我的汉语<u>没有他那么流利</u>。/ <u>跟他比起来</u>，我的汉语<u>不太流利</u>。
비교문에서는 부정형을 앞부분에 써야 한다.

❺ 我很<u>喜欢</u>中国电影。
'好'는 형용사로 목적어를 동반하지 못한다. 대응하는 동사로는 '喜欢'이 있으므로 교체하여 쓴다.

2 ❶ 遗留 　❷ 纠缠 　❸ 落实
　❹ 着 　　❺ 间隙 　❻ 标签

1 「녹음원문」

　　有一天，儿子问父亲什么是爱情，父亲就叫他先到麦田里，摘一棵全麦田里最大最金黄的麦穗。其间只能摘一次，并且只可以向前走，不能回头。于是儿子照着他的话做了。结果，他两手空空地走出麦田。父亲问他为什么，他说："即使见到一棵又大又金黄的，因为不知前面是否有更好的，所以没有摘；走到前面时，又发觉总不及之前见到的好，于是，我便什么也没摘到。"父亲说："这就是爱情。"

　　之后又有一天，儿子问父亲什么是婚姻，父亲叫他先到树林里，砍下一棵全树林最大最茂盛的树。其间同样只能砍一次，以及同样只可以向前走，不能回头。儿子于是照着父亲的话做了。这次，他带了一棵普普通通，不是很茂盛，也不算太差的树回来。父亲问他，怎么带这么棵普普通通的树回来，他说："有了上一次的经验，当我走完了大半的路程，还两手空空时，看到这棵树也不太差，便砍了下来，免得错过了后，最后又什么也带不回来。"父亲说："这就是婚姻。"

2 ❶ 第一个问题是"什么是爱情"，第二个问题是"什么是婚姻"。

❷ 父亲让儿子到麦田里摘一棵全麦田里最大最金黄的麦穗，其间只能摘一次，而且只可以向前走，不能回头。结果，儿子两手空空地回来了。

❸ 第二次父亲让儿子去树林里砍下一棵全树林中最大最茂盛的树，其间也只能看一次，而且也只可以向前走，不能回头。结果，儿子带了一棵普普通通，不是很茂盛，也不算太差的树回来。

❹ 父亲这样做是为了教会儿子懂得什么是爱情和婚姻。这个故事告诉人们要理性、正确地看待爱情与婚姻。爱情和婚姻都是一旦错过，就不可能再回头的。每个人都希望找到更理想的伴侣，但往往由于一时的贪心而错过一生的姻缘，想再回头时却发现已经迟了。所以当爱情来临时，一定要及时抓住，要知道"机不可失，时不再来"啊！不要等到错过了才后悔！

STEP1 提纲

❶ 你的择偶标准有哪些。
：外貌、责任感、性格、家庭背景等等

❷ 分条说明理由
：如果对方没有能力，那婚后夫妻矛盾也会越来越多等等

❸ 除了以上几个择偶标准以外，还看什么。
：感情、学历等等

STEP2 作文

　　我选择未来丈夫的标准主要有以下几条：

　　第一，他应该是一个善良的人。这是首要原则，我绝对不会爱上一个心地邪恶的人。

　　第二，我希望他长得比较顺眼。我必须承认，在选择配偶时，外貌也是一个很重要的标准，虽然不一定要长得很帅，但是至少得看着不讨厌。谁也不会爱上一个看起来不顺眼的人，不是吗？而且这也是对自己的下一代负责嘛！

　　第三，他应该是一个有能力的人。当然能力不等同于财力。刚结婚的时候，我不会要求他赚很多钱，因为只要他有能力，今后一定会有好的发展。只不过他作为一家之长，至少应该具有保障家人生活的能力。

　　第四，他一定要有责任感。婚姻不是儿戏，既然承诺了携手一生，就要对对方负责。在漫长的婚姻生活中，谁也无法预料会发生什么事情。我希望他是一个堂堂正正，且有责任感的男子汉，那样才会给我安全感和真正的幸福。

　　当然除了这些以外，两情相悦也是很重要的。我最需要的还是一个爱我、疼我、懂我的丈夫。

　　以上就是我的择偶标准。

chapter 03 入乡随俗
로마에 가면 로마법을 따라야 한다

 TPO에 맞게 행동하고 말하다

*TPO : Time(시간) Place(장소) Occasion(경우)

　　학기가 곧 끝나가서 일부 유학생들이 돈을 모아 왕샤오 지도교수님께 학교 부근 작은 식당에서 식사 대접을 하였다. 먹으면서 그들의 눈에 비친 중국문화에 대해 이야기하였다.

마리 왕 선생님, 제가 막 중국에 왔을 때, 저는 정말 적응이 안 됐어요. 중국인들은 말을 하거나 일을 할 때, 항상 빙빙 돌려서 하고 속과 겉이 달라서 갈피를 잡을 수 없어요. 한 번은 한 친구가 저녁에 갑자기 방문했기에 안부인사를 하고 나서 저는 공손하게 들으면서 그가 온 이유를 알고 싶었죠. 그런데 누가 알았겠어요? 이 친구가 두서 없이 한 시간 넘게 이야기를 해도 저는 여전히 그가 도대체 무슨 말을 하고 싶은지 알 수 없었죠. 시간도 너무 늦고 방법이 없어서, 저도 어쩔 수 없이 완곡하게 '축객령(손님을 내쫓는 명령)'을 내렸죠. 이때서야 그가 비로소 입을 열어 요즘 주머니 사정이 좋지 않다는 등의 말을 하더군요. 모두 친구인데, 돈을 좀 빌리고 싶다고 얘기하면 되지 구태여 이렇게 돌려서 말할 필요가 있나요!

왕샤오 이것이 바로 우리 동양 사람 특유의 처세방식이에요. 우리는 비교적 함축적인 (겉으로 드러내지 않는) 민족이라, 만약 직접적으로 모든 것을 공개적으로 말하면 대부분의 경우에는 통하지 않지요. 그러한 완곡한 방법은 사실 모두 예의에서 비롯되는 거예요. 만일 어느 날 사람들이 정말 '조금도 거리끼지 않고 툭 터놓고 말한다'하면 양쪽이 얼굴 붉히는 것이 아니면 패를 내보이며 결판을 지을 때가 된 거죠.

케빈 어쩐지, 저는 공항에서도 이별하는 사람들이 포옹하거나 이별의 입맞춤 등을 하는 것을 본 적이 없어요. 그리고 친구가 말하기를 그는 부모님께 '사랑해요'와 같은 말을 해 본 적이 없다고 하더군요. 왜냐하면 사람을 겸연쩍게 만든다고요. 하지만 그는 30살이 되었는데도 여전히 부모님과 함께 살고, 심지어 가정을 이룬 후에도 여전히 부모님의 이웃집이나 혹은 같은 구역에 살 계획이라고 하면서 부모님께서 그가 이렇게 하는 것을 좋아하신다고 하더군요.

왕샤오 사실 중국인은 정을 매우 중시하지만, 단지 표현에 능하지 못할 뿐이에요. '먼 곳에서 친구가 왔는데 어찌 기쁘지 아니한가'라고 하지만 아무리 기뻐도 악수하고 어깨를 토닥거릴 뿐이지요. 특히 부모님에 대해서는 중국은 예로부터 '부모님께서 계시면 멀리 여행가지 않는다'라는 속담이 있어요. 우리가 독립적으로 생활하기 싫어서가 아니라 가족이 항상 즐겁게 함께 모여있는 것이 부모님께 가장 큰 위로이기 때문이에요.

씽주 이런 것은 그래도 모두 이해할 수 있어요. 그런데 때때로 중국인들의 무슨 일이든 다 천천히 하는 태도는 저를 조급하게 해요. 배웅할 때에도 "천천히 가세요", 밥 먹을 때에도 "천천히 씹어 드세요", 자신이 다 먹고 나서도 다른 사람에게 "천천히 드세요"라고 말하죠. 심지어 점심식사 이후에 책상에 엎드려 낮잠을 자요. 이때 만약 전화를 걸어 그를 찾으면 십중팔구 연결이 안돼요. 중국인들은 생활리듬을 조금만 더 빨리 하면 좋겠어요.

왕샤오 이 '만(慢)' 자를 우습게 보지 마요. 그것 역시 중국의 일종의 문화예요. 언제 '만(慢)' 속에 함축되어 있는 조급해하지 않고 큰 일을 가볍게 처리한다는 뜻을 이해할 때, 그때야 비로소 진정한 '중국통(中国通)'이 될 거예요.

마리 문화상의 차이 외에도 언어적 차이는 더 커요. 요리명을 예를 들어 말해 보면, 이것은 내가 중국에 온 이후 가장 큰 문제였죠. 막 요리를 주문하기 시작할 때, 메뉴판에 영어로 중국요리를 설명해 놓은 것을 봤죠. '4개의 즐거운 고깃덩어리', '나무를 오르고 있는 개미', '침 흘리는 닭' 등 얼마나 입맛 떨어지게 하는 말도 마세요! 나를 먹지도 안 먹지도 못하게 만들었다고요. 근데 중국인이 외국어 명사를 번역할 때는 정말 재미있어요. 까르푸(Carrefour)는 가정이 즐겁고 행복하다는 '家乐福'로 나이키(Nike)는 인내와 극복의 뜻을 포함하고 있고, 콜라의 이름조차도 축복을 내포하고 있는 '百事可乐'라고 만들었죠.

왕샤오 맞아요. 번역할 때 발음에 주의해야 할 뿐 아니라 아름다운 뜻을 전달할 필요도 있어요. 보아하니 여러분은 새로운 언어를 배웠을 뿐 아니라 점차 또 다른 문화도 이해하고 있군요. 여러분이 새로운 곳을 갈 때마다 그 지역 풍속을 따르고, TPO에 맞게 행동하기를 희망해요. 자, 우리 함께 건배합시다!

语法

1 女人真是难琢磨的动物。虽然跟妻子结婚已经十年了，但还是有让人摸不着头脑的时候。
2 我最近手头也有点不方便，这次恐怕帮不上你的忙了。
3 夫妇之间有什么问题，不要憋在心里，而应把问题摆在桌面上，开诚布公地谈一谈。
4 我跟你打开天窗说亮话吧，咱俩还是做普通朋友吧。
5 这么高兴的时候说些晦气话，你也太倒人胃口了。
6 父母命，不可违，这婚真是结也不是，不结也不是啊！
7 到什么山上唱什么歌，你到底想什么时候适应这里的生活？

说一说 1

❶ 有一次，她的一个朋友晚上突然来访，东拉西扯了一个多钟头，玛丽还是没弄清楚他的来意。时间太晚了，她不得不下逐客令，这时那个朋友才说是因为最近手头有点紧，想借钱之类的话。她觉得都是朋友，想借钱直截了当地说就可以了，没必要绕弯子。

❷ 中国人不善于表达感情。比如说，在机场分别的时候，中国人从来不互相拥抱或者吻别什么的。还有中国人也从来不对父母说"我爱你"这样的话，因为这让中国人觉得很不好意思。

❸ 送别的时候，中国人说"慢走"；吃饭的时候，中国人得"细嚼慢咽"，自己吃完了还对别人说"慢吃"；甚至午饭后，还要趴在桌子上午睡一会。这时候要是打电话找他，十有八九联系不上。

❹ 中国人在翻译外来名词时，不但注意发音，还得传递出美好的意义。比如说：Carrefour，中国人把它翻译成"家乐福"，意味着家庭快乐幸福；Nike变成了"耐克"，包含了忍耐与克服的

意义；PepsiCola 中文叫"百事可乐"，蕴含着祝福的含义。

2 ❶ 在中国留学期间，我感触最深的就是去银行的时候。虽然排着很长的队，但是银行职员们仍然是不紧不慢，悠闲地边聊天边办公，真让我对中国的这种"慢"文化摸不着头脑。"慢"也是中国文化的一部分，虽然有时会让外国人感到不适，但是这种不缓不急、举重若轻的中国人的生活方式，也正是在这个高速发展的现代社会中，许多国家都应学习的一面。"慢"使人免受压力，使人悠闲自在，更使人发现生活和热爱生活。

❷ 当然有过。去中国留学以前，我并不知道原来中国人是不戴绿色的帽子的。乍到中国时，我发现即使我翻遍整个市场，也很难发现绿色的帽子。这让我很是困惑。问了我的一个中国朋友后我才恍然大悟，原来中国人是不喜欢戴绿色的帽子的。因为"戴绿帽子"在中国的意思是妻子对丈夫有不贞行为的意思。幸亏朋友及时提醒了我，不然我可真的出洋相了。

❸ 我在中国生活时，遇到的最大难题就是语言上的障碍。有一次，跟几个朋友去饭馆吃饭，我想跟服务员要一个空盘子，于是对服务员说："服务员，没有盘子有没有？"服务员一听就愣了，像看外星人似的盯着我。最后跟服务员比手划脚，折腾了半天，服务员终于明白了我的话。现在想想也觉得很搞笑，明白了"无知不是罪"的真谛。

说一说 2

1 韩国人坐的时候习惯于席地而坐，如果觉得累，还可以盘腿。在就餐文化方面，韩国人由于饮食中常常有汤，因而除了筷子以外，勺子也是必不可少的餐具。在韩国人的餐桌上，端起饭碗吃饭是十分不礼貌的行为，与韩国人吃饭时，这一点务必铭记在心。

2 韩国人在酒桌上有很多讲究，特别是与上司或长辈同席时。比如说：同örer 中有长辈时，一定要双手举杯，而且必须转过身子，一饮而尽。敬酒时，韩国人喜欢合用杯子，一定要用自己的杯子给对方敬酒。在倒酒时也必须双手握瓶，否则是不礼貌的。在婚宴上我们还能看到与中国相似的场面，那就是新郎新娘要喝交杯酒。

课文 난감한 순간

막 미국 마이애미에 도착했을 때, 국제공항에서 큰어머니 댁으로 가는 길에 나는 놀랍게도 깨끗하고 조용하며 인적이 매우 뜸한 길에 때때로 한 두 명의 러닝셔츠와 짧은 바지를 입고 심지어 웃통을 벗은 사람이 나타나는 것을 보게 되었다. 나는 멈춰 서 식당에서 줄을 서 패스트푸드를 살 때, 앞에 젊은 여성이 줄을 서 있었는데 몸에 비키니 수영복만 입고 있어, 나는 난처해서 어디를 봐야 할지 몰랐다. 나는 사촌 형에게 이게 어떻게 된 일이냐고 물었고, 그는 옷은 절대적으로 개인의 사생활이고 이곳 사람들의 복장은 줄곧 매우 자유스럽다고 대답하였다.

큰어머니 댁에 도착한 그날 저녁, 저녁밥을 먹고 실크 잠옷으로 갈아입었는데 뒤쪽 정원에 많은 초목과 꽃이 심어져 있는 것을 보고 걷고 싶은 것을 참을 수 없었다. 그런데 생각지도 못하게 내 발이 아직 정원을 밟지도 않았을 때, 큰어머니께서 나를 불러 세우셔서는 "이런 차림으로 집을 나가서는 안 돼."라고 하셨다. 내가 이해하지 못하자, 그녀는 "잠옷을 입고 집을 나서는 것은 보기 흉한 거야, 비록 뒤쪽 정원이 자신의 집이더라도 이웃들이 모두 볼 수 있어. 그러면 매우 예의가 없는 거야."라고 설명해 주었다. 나는 어쩔 수 없이 난처한 심정으로 방으로 돌아가서 옷을 갈아입었다.

며칠이 지나고 작은 연회에 참가했다. 사람들이 앉아서 먹으면서 이야기하고 분위기가 꽤 괜찮았다. 연회석상에는 모두 높은 코, 파란 눈의 외국인이었는데, 그중의 한 사람이 갑자기 나에게 "원숭이 뇌 먹어 본 적 있어요? 중국인들은 원숭이 뇌를 생으로 먹는다던데, 그게 정말이에요?"라고 물었다. 말이 끝나기도 전에 옆 사람 역시 흥에 겨워 "맞다, 듣자니 바퀴벌레, 전갈 따위도 먹는다던데."라고 물었다. 나는 듣자마자 멍해졌다. 이러한 문제는 대답을 하기도 또 하지 않기도 적당하지 않은 것이라 난처해서 말이 나오지 않았다.

마지막 며칠은 지하철을 타고 친구를 보러 가는 길에 귀여운 아이들을 우연히 만나게 되었다. 그들은 내가 당나라 복장 스타일의 흰 윗옷과 흰 바지를 입고 있는 것을 보고 매우 신기한 모습이었다. 어떤 대담한 아이가 먼저 와서 나와 인사를 나누고 "선생님, 성룡 알아요? 당신도 쿵푸를 할 줄 알겠죠?"라고 물었다. 아이들은 심지어 마치 쿵푸 몇 자세를 시범으로 보여 주기를 바라는 듯했다. 그들의 천진난만한 모습과 지하철의 다른 사람들이 주시하는 눈빛을 보고 나는 어쩔 수 없이 정류장에 도착한 척하며 황급히 지하철을 내렸다.

사람은 이국에서 이러한 난감한 순간을 만나는 것을 면할 수는 없다. 비록 이러하지만 여전히 서로 다른 문화에서 오는 매력을 느꼈고 교류와 이해의 중요성을 더욱 이해하게 되었다.

정답

❶ 第一个尴尬时刻：在美国迈阿密国际机场开车去伯母家的路上，我看到了穿着背心、短裤、甚至打赤膊的人。去餐厅买快餐时，我的前边排着一位身上只穿着三点式泳衣的年轻女子，害得我不知道看哪儿好。

第二个尴尬时刻：吃过晚饭后，我换上了一套真丝睡衣，想去后花园逛逛。没料到我脚还没踏进花园，伯母就把我叫住了，她说穿睡衣裤出去不雅观，要是被邻居看到了，也是很失礼的。没办法，我只好回房间换了衣服。

第三个尴尬时刻：我参加一个小型宴会时，一个高鼻子蓝眼睛的老外问我中国人是不是都生吃猴脑？旁边的人也不甘示弱地问我中国人是不是还吃蟑螂、蝎子等等之类的。结果弄得我尴尬地一句话也说不出来。

第四个尴尬时刻：我坐地铁去拜访朋友，那天我穿着唐装风格的白衣白裤，于是有几个孩子便问我是否认识成龙，是否会功夫等，甚至还让我表演给他们看。周围的人也都用充满期待的目光看着我，于是我不得不佯装到站，匆匆下了地铁。

❷ 我有过。有一次在地铁站里，突然想去洗手间。恰巧就在前方不远处有一处洗手间，于是我毫不犹豫地钻进了右边的洗手间，因为在我的潜意识里一直认为"男左女右"。结果就在我要冲进洗手间的瞬间，一位叔叔突然走出来，看到我，他一下子愣在原地。这时我才发现不对头，抬头一看，天哪，居然是男厕，幸亏我及时刹住了车，不然后果真是不堪设想。

❸ 我对中国所有的人和事都充满了好奇。如果让我问中国人一个问题的话，我想问：听说中国人"天上飞的，除了飞机都吃；水里游的，除了船都吃；地上走的，除了人都吃"，是真的吗？

❹ 有很多方面。比如说吃的方面，我吃不惯香菜，而中国菜大部分放香菜；交通方面，路太挤，人太多；生活习惯方面，很多中国人夏天打赤膊……

写一写

1 ❶ 你应该把话说清楚。
동사 '应该'의 위치가 틀렸다. '把'자문에서 조동사는 '把'자구 앞에 온다.

❷ 我们要注意听取自己看不惯，或者跟自己合不来的人的意见。
'跟自己合不来'는 되지만 '跟自己看不惯'은 '跟'을 함께 쓸 수 없다.

❸ 同学们的热心帮助使他的学习成绩迅速提高。/ 在同学们的热心帮助下，他的学习成绩迅速提高。
주어가 없는 문장으로 주어를 써 준다.

❹ 一个12岁的小学5年级的学生，每天早上还得由他母亲来给他穿衣服。
주어 '学生' 앞의 어순이 틀렸다.

❺ 俗话说："逆水行舟，不进则退"，对这个道理我有了更深刻的认识。/ 俗话说："逆水行舟，不进则退"，我对这个道理有了更深刻的认识。
'对', '对于'가 있으면, 동작의 대상은 그 뒤에 와야 하므로 어순이 틀렸다.

2 ❶ 遇到　　❷ 风格　　❸ 胆大
❹ 招呼　　❺ 央求　　❻ 注视

听和说

1 「녹음원문」
来中国之前我就听说中国是自行车王国，到了中国我才明白为什么自行车消费数量这么大，原来是流转太快。我到中国后第一辆自行车只骑了三个月就丢了，第二辆寿命长些——因为我买了旧车，但也只用了五个月。接下来的几年中，我丢的自行车不下十辆。我觉得只需问问丢过几辆自行车，就可估算一个老外在中国待了多久。我后来也学乖了，车子越买越旧，丢了也不心疼。朋友告诉我一个地方，专门买卖二手自行车的。从第四辆开始我的车子都是在那里买的。但我其实是喜欢这个流转过程的，这让我总有新车可骑。有人每天都换衣服，有人每年都换男朋友，我为什么不能每三个月换一次自行车呢？

2 ❶ 因为流转太快，很多人刚买了自行车，就会被偷，丢车的人当然还会再买新车，这样流转就非常频繁。

❷ 因为常常丢新车，所以后来他就学乖了，不再买新车，而是买二手车，车子越买越旧，当然也就不心疼了。

❸ 因为这个流转过程让他总是有新车可骑。

❹ 是的。我曾经丢过一个钱包，钱包本身不是很贵，里面也没有多少钱，但这是一个很有意义的钱包，它是我从男友那里收到的第一份生日礼物。当时我很伤心，虽然后来男朋友又给我买了个一模一样的，但直到现在我仍对这件事耿耿于怀。

作文

STEP1 提纲

❶ 初到外国时的情况
：刚到中国时，我一句汉语都不会说……

❷ 与本国生活习惯方面的差异
：中国人在炎热的夏天里也喝茶……

❸ 如何看待文化的多样性
：我认为每个国家的文化都是世界文化的一部分……

STEP2 作文

　　一年前，为了学习汉语，我只身一人来到中国。在一年的时间里，我切身体会到了中韩两国的差异，并从中学到了很多，特别是懂得了该怎样入乡随俗。

　　初来乍到的时候，我住在学校的留学生宿舍里，这里住着来自天南海北的留学生，就好象一个小联合国。因为我们的汉语都不太流利，所以只能靠着动作和眼神交流。差劲儿的汉语让我们在生活中着实遇到了不少的困难。

　　有一次，在某个饭馆吃饭的时候，天气很热，可是服务员还是给我们上了热茶。我想喝凉凉的冰水，可就是想不起来冰水怎么说。于是只能一个劲儿地对服务员说："冷水，冷水。"那个服务员虽然觉得奇怪，但还是很和善地跟我解释说："冷水不能喝，应该喝热水。你要是不喜欢绿茶，我可以给你换茉莉花茶。"结果弄了半天，我还是没喝上一口冰水。

　　后来我才知道，除了酷暑以外，中国人一般没有喝冰水的习惯，他们觉得暖暖的茶水对身体更好。而我也渐渐习惯了喝茶，中国茶种类之丰富，口感之多样，真是让我大开了眼界。虽然现在我已经回到了韩国，但在闲暇之余，还是喜欢泡上一壶龙井茶，一个人慢慢地、静静地品上一番。

　　从中国留学的经历中，我感觉到了每个国家都有自己固有的文化和习俗。这些文化和习俗无所谓好坏，也无所谓先进落后，它们都共同构成了世界文化的多样性。有一个成语说得好，叫"海纳百川"，文化的多样性正是这样，用开阔的心胸和愉快的心情去接纳并适应各种不同的风俗文化，也是对自身的一种充实和丰富。既然如此，又何乐而不为呢？

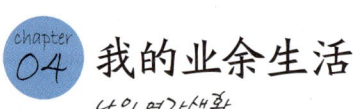 我的业余生活
나의 여가생활

 8시간 이외의 세상

　　당신은 분명 광범위하게 퍼지고 있는 '일할 때는 필사적으로 일하고, 놀 때는 통쾌하게 놀아라'라는 이 말을 들어본 적이 있을 것이다. 실로 이 개성을 강조하는 시대에 8시간 이외의 생활은 갈수록 다채로워지고 있어, 심지어 많은 사람들이 놀고 즐기는 것은 바로 심장이 뛰는 일인 것이다. 그들이 어떻게 이야기하는지 들어 보자.

이 박사(대학 교수, 37세)
　　다른 사람들이 모두 저에게 "당신은 지능도 높은 사람이 어떻게 아직도 중학생처럼 컴퓨터 게임을 좋아해요?"라고 물어요. 사실 제게 컴퓨터를 한다는 것은 일종의 도전과 정복의 느낌이거든요. 가상 공간에서 혼신의 힘을 다해 사이버 상의 모르는 사람들과 서로 한바탕 싸우는 것, 체력과 지능 모두 일종의 단련인 거죠. 그 순간의 성취감이 바로 제가 추구하는 즐거움이죠. 더구나 컴퓨터 하는 것이 유치한 일도 아니에요. 현재의 인터넷과 컴퓨터의 발전은 과학자의 연구성과라기보다는 컴퓨터에 빠져 있는 젊은 사람들이 놀다가 나온 거라고 하는 편이 낫죠. 그중에 대표적인 사람이 빌 게이츠로 그의 첫 번째 소프트웨어가 바로 장기를 두기 위해 창작한 것이라고 들었어요.

이 양(회사 사무직원, 25세)
　　다른 사람들은 종종 몸집이 작은 저와 저와 거친 레저 자동차를 함께 연결 지을 수 없어요. 사실 제가 레저 자동차를 좋아하게 된 것은 순전히 우연이에요. 2년 전에 직장생활에서의 여러 가지 난관으로 의기소침해 있었는데, 여행을 가면서 무의식 중에 몇몇 레저 자동차 애호가들을 알게 되었죠. 그때 이후로부터 생기가 넘쳐흐르는 레저 운동이 저를 매혹시켰어요. 레저 자동차로 운전해 가는 곳은, 어떤 곳은 잡초가 사람보다 더 높게 자라있는데 저는 이 차로 길을 만들어요. 어떤 곳은 늪인데 어렵게 지나가게 될 때면 저는 비할 수 없는 자부심을 느끼거나 스스로 진정한 영웅이라는 느낌을 받을 수 있어요. 인생도 때때로 아마 이럴 거예요. 대담하게 가서 하면 사실 별것도 아니더라고요.

임 여사(의사, 40세)
　　저는 매일 바쁘게 일하는 것을 제외하면 모두 가정을 돌봐야 하니, 발레를 배우리라고는 처음부터 생각지도 못했죠. 단지 딸에게 아동 발레반을 등록해 주고 교실 밖에서 딸이 발레하는 모습을 보고 있었는데, 갑자기 저도 사실 어릴 때 춤을 추고 싶은 꿈이 있었지만 당시 조건이 그렇게 좋지 않아서 그냥 지나쳐 버렸다는 것이 기억났죠. 지금 이 꿈을 이루어도 늦었다고 할 수 없잖아요. 소위 생명이라는 것은 운동에서 기인하는 것이라 다이어트를 하느냐 안 하느냐는 상관없어요. 전 단지 설령 나이는 먹었지만 젊을 때의 몸매와 우아한 풍채를 유지할 수 있길 바라죠. 더구나 말보다 실천의 가르침이 더 중요하잖아요. 저 역시 아이에게 모범이 될 수 있어요, 그렇지 않나요?

장 선생(사기업 기업주, 46세)
　　2006년 상승세의 주식 시장으로 인해 많은 사람들이 주식 항렬에 들어서게 되었고 저도 예외가 아니었어요. 안부인사조차도 "밥 먹었어?"에서 "주식 샀어?"로 바뀌었죠. 사실 그때 제 스스로도 마음속에 자신이 없었죠. 단지 주위 사람과 몇몇 전문가들의 추천을 맹신하여 마음이 동요되어 수년간 모은 저축을 투자했죠. 비록 주식시장이란 게 간단한 숫자들의 움직임일 뿐이나 당신이 이익을 얻게 되면 숫자가 돈으로 바뀌게 되니 역시 성취감이 있죠. 당연히 초보 투자자는 가장 부족한 것이 경험이에요. 때로는 내가 팔아버리고 나면 주식이 오르기도 하죠. 이때문에 몇 번 살을 깎는 듯한 경험 후에는 비록 지갑은 불룩해지지 않지만, 다시 본론으로 돌아와 말하자면 안정된 마음 상태는 나의 생활에 생각지도 못한 소득을 가져다주는 것이죠.

语法

1 虽然他使出浑身解数想摆脱眼前的困境,但命运却好像总是拿他开玩笑似的,让他无处可逃。
2 人生与其说是一个生命的过程,不如说是一次旅行。
3 其实失败没什么大不了的,关键要看你怎样面对。
4 孩子嘛,聪明不聪明的倒无所谓,健康就好。
5 身教重于言教,你总是光说不做,在孩子面前能有什么威严?
6 他对我有没有意思,我心里也没底。
7 女人都是一看到名牌包就心痒痒得不行。
8 我们前脚刚吹,他后脚马上就交了新女朋友,真是太没良心了。

说一说 1

1 ❶ 玩电脑游戏让他有一种挑战和征服的感觉。在虚拟的空间里,和网络那头不认识的人厮杀一番,让他很有成就感,而这种成就感,就是他所追求的乐趣。而且他认为,电脑和互联网的发展也是由一批痴迷于电脑的年轻人"玩"出来的。

❷ 两年前,因为工作生活中的种种不顺让她感到心灰意冷,去旅游的途中无意中认识了几个越野爱好者,从那以后朝气蓬勃的越野运动便吸引了她。
她喜欢越野运动是因为在没有路的地方,她用越野车可以开出一条新的道路,在艰辛地通过泥沼之后,能让她感觉自己是个真正的英雄。

❸ 林女士给女儿报了一个幼儿芭蕾舞班,看到女儿跳舞的样子,她想起自己小时候也是有舞蹈梦的,只是当时条件不允许,所以就忽略了。
她学芭蕾并非为了减肥,只是希望即使上了年纪,也能保持年轻的体态和优雅的气质,另外还想给孩子做个榜样。

❹ 2006年的牛市使他也加入了股民的行列。因为他是个新股民,他经历了几番割肉,不过钱包并没有鼓起来。

2 ❶ 好处是: 我也认为玩电脑会让人有一种挑战和征服的感觉。另外,在全神贯注地投入到游戏时,我们可以把自己的烦恼和压力抛到九霄云外,让自己的身心都能获得释放。
坏处是: 首先,如果过分沉迷于游戏,就会影响正常的学习、工作和生活。其次,游戏会使人变得暴力,甚至引发犯罪。最后,长时间游戏,还会引起视力低下以及颈椎疼痛等。

❷ 工作的时候,就应该全身心地投入到工作中,心不可二用,这样才能提高工作效率及工作业绩。玩的时候就应该忘掉工作,人生难得几回狂,疯狂一次又何妨? 玩是对自身的一种犒劳和奖励,只有玩的时候玩得好,工作的时候才能做得好。不管什么事,集中才是成功的关键。

❸ 我同意这句话。比如说,如果一个抽烟的爸爸整天对儿子说教吸烟的坏处,儿子是很难被说服的。但是如果一个不抽烟的爸爸就可以成为一个很好的榜样,就很具有说服力。

说一说 2

1 最近在韩国最流行的业余活动莫过于露营了。家人或者朋友开着车,带着帐篷,到野外找一个山清水秀的地方,架起炊具,一边烤肉吃,一边畅谈。既可以亲近大自然,又可以缓解压力,孩子们也能在野外玩耍,真是一举三得啊!

2 一般在星期六我喜欢见朋友,跟朋友们去看看电影、逛逛街、喝喝茶、侃侃大山,十分惬意。星期天我则喜欢享受属于我的私人时间,终日在床上滚来滚去,直至日中天才起床。偶尔心血来潮时,我会亲自下厨,为自己献上一桌香喷喷的饭菜,不过大多时候,我会选择叫外卖,因为我不想在周末也把自己搞得很累,我必须为下一周充电。

课文 나의 생활방식을 선택하다

8시간의 긴장되고 피곤한 일을 마치고 드디어 모든 사람이 고대하는 여가시간을 맞게 되었다. 하지만 개성과 생활이념, 환경 등의 원인으로 인해 모든 사람은 서로 다른 생활방식을 갖고 있다. 만일 가정의 두 부부의 생활방식이 다르면 생활할 때 일부 문제가 일어나는 것을 면할 수 없다. 여기 대표적인 두 부부는 어떻게 생각하는지 보자.

남편 : 샤오쑨(30세, 무역회사 직원)

저는 생활의 느낌과 질을 매우 중시하는 사람이에요. 아마도 제가 쌍둥이 자리라서 그런지 편안함과 자유는 제가 가장 숭상하는 생활방식이지요. 그래서 여가시간에 제 생활을 너무 피곤하게 하는 것을 좋아하지 않아요. 저는 사람들이 자신을 혹사시켜서는 안된다고 생각해요. 평소에 계획적인 생활이 습관이 되었고 매일 시간표가 모두 꽉 차 있다면, 쉬어야 할 때 조금은 마음대로 해야죠. 그래서 저는 제 아내의 나사를 죄이는 듯한 생활과는 달리, 주말 오후에 거리를 거닐면서 갖가지 새로운 물건을 보고 정신 없이 나돌아 다니는 것을 좋아하죠. 아니면 조용히 작은 동네 돌의자에 앉아서 천천히 지는 석양을 보고 있죠. 때로는 1원짜리 동전을 쥐고 내키는 대로 버스를 타고 이 도시의 내가 아직 모르는 부분을 발견하러 가죠. 이 과정 중에는 나를 괴롭히는 골치 아픈 일도 없으니, 조용히 생각하고 마음껏 내게 주어진 한가한 시간을

153

누릴 수 있죠. 제 생각에 1초 후의 결정은 1초가 지난 후에 결정하고, 1초 후의 세계는 1초 후에 다시 말하면 돼요. 지금은 단지 이 1초의 자신의 일만 잘하면 되는 거죠.

아내 : 샤오타오(28세, 여행사 가이드)

저는 줄곧 '길은 사람이 걸어서 내는 것이고, 운명은 자신이 결정하는 것이다'라는 말을 맹신해 왔어요. 이 치열하고 잔혹한 세상에서 강한 자는 살아남고 약한 자는 쇠멸하는 것이 유일한 생존법칙이죠. 비록 일부 사람, 예를 들어 제 남편은 여가시간은 바로 휴식시간이라고 생각하지만, 저는 경솔하게 동의하지는 못하겠네요. 스스로 충분히 좋지 않다고 여긴다면 한층 더 노력해야 하고, 스스로 괜찮다고 여긴다면 더욱더 승승장구하여 추격해야 하고요. 여가시간은 바로 최고로 잘 이용해야 할 시간인 거죠. 자신의 목표를 잘 설정해서 하나씩 하나씩 축적해 나가야 해요. 야간학교를 다니고 자격증을 따거나 외국어를 배우는 등, 할 수 있는 일이 정말 많죠! 저는 정말 매 분을 두 쪽으로 나눠 쓰고 싶어요. 피곤하지 않다고 하면 그건 거짓말이죠. 하지만 보람 있는 느낌이란 제가 한걸음 한걸음 나아갈 수 있도록 격려해 주는 것으로, 그 최종 목표지는 분명히 성공이라고 믿어요.

이상에서 서술한 두 가지 여가생활 방식 중 당신은 누가 더 낫고 누가 더 못한 것 같은가? 어쨌든 자신에게 적합하면 그게 가장 좋은 것이다. 생활방식 역시 이러하다. 적극적이고 낙관적인 마음을 유지하고 생명의 매 1분을 헛되이 보내지 않으면, 누구든지 자신의 운명의 주인이 될 수 있다.

➡️ 정답

❶ 丈夫很注重生活感觉和质量，他喜欢随意随性地在周末午后去逛街，喜欢静静地看夕阳，喜欢发现自己所住城市的新面貌，喜欢静静地思考，享受属于自己的悠闲时光。妻子则正相反，她恨不得把时间掰成两半来用。她认为业余时间应该充分利用起来，去给自己充电、上夜校、考证书、练外语等。

❷ 我更偏向于丈夫的想法。业余生活之所以叫业余生活，就是让人们在工作之余去休闲，去享受的时间，所以我不会让自己在业余时间也忙得团团转，而是让自己拥有一个轻松愉快而又自由的业余时光。

❸ 我们家人的生活方式的共同点是：都喜欢在业余时间看电视、电影，听音乐，还有去旅游。不同点是：互相喜欢看的电视节目和电影种类有所差异，因而看电视的时候常常会为抢遥控器而吵架，看电影时也会为了看什么电影而争执不下。

❹ 没有。我周围的人都是喜欢享受生活，喜欢自由不被拘束的那种感觉的人，做什么事也都随心所欲，不受时间、天气等条件的影响，想做就做，活得很潇洒。

1 ❶ 论学习，小燕比她哥强多了，不仅比她哥学得扎实，而且比她哥学得活。
'学得'의 위치가 틀려 문장의 대칭을 깨뜨려 의미가 뒤틀어졌다.

❷ 这种款式的上衣一上市，就受到广大年轻人的欢迎。
'受到……的欢迎'의 고정형식에는 '所'가 들어갈 수 없다.

❸ 难道这不都是说我的吗？／不是说我，又是说谁呢？
두 개의 문장을 섞어 놓아 말하고자 하는 것이 섞였다.

❹ 工作越重越忙，越要坚持学习。／工作再重再忙，也要坚持学习。
'越……越……', '再……也……'의 용법이 함께 사용된 예이다.

❺ 他为了说明加强生态保护工作的重要性，特意举了国内外的许多实例。／他在说明加强生态保护工作的重要性时，特意举了国内外的许多实例。
'为了……', '在……时'의 용법을 섞어 놓은 것이다.

2 ❶ 信奉　　❷ 出来　　❸ 法则
　❹ 苟同　　❺ 追击　　❻ 积累

1 「녹음원문」

如今，使用儿童产品已经不再是孩子们的专利，很多成年消费者已经将使用儿童用品当成了一种时尚。

据一家童装商店店主介绍，现在流行可爱风，童装也成了最理想的可爱装扮，而且很多身材娇小的成年女性也穿得下大号童装，因此，成年消费者也成了童装店的常客。

另外从一些儿童玩具店了解到，很多成年消费者也是卡通漫画、儿童玩具的忠实粉丝。一位销售人员说："有一次，一个三十多岁的男士带着儿子来店里逛，最后买了两套一模一样的变形金刚，一套给儿子，一套给自己。"为迎合消费者的"童心"需求，一些聪明的设计师还在网上展示了以童话为主题的房屋装修方案等。

在百度上搜索了一下还发现，有人为这些长不大的成人们起了一个名字叫Kidult，这字由kid(孩童)和adult(即成年人)两字合拼而成，指有稚气、童真的成人。我听见的最典型的kidult心底话是：长大真不好玩！永远当个孩子，有多好！

2 ❶ 现在流行可爱风，童装成了最理想的可爱装扮，很多成年女性穿得下童装，因此，成年消

费者也成了童装店的常客。

❷ 一个三十多岁的男士带着儿子来到玩具店，买了两套变形金刚，一套给儿子，一套送自己。

❸ Kidult 是由kid(孩童)和adult(即成年人)两字合拼而成，指有稚气、童真的成人。他们认为长大不好玩，想永远当个孩子。

STEP1 提纲

❶ 业余时间的重要性
  ：懂得利用业余时间的人更容易获得成功……
❷ 举名人的事例说明名人如何利用业余时间
  ：马克思、鲁迅等
❸ 充分利用业余时间的必要性
  ：不充分利用业余时间就会被社会淘汰……

STEP2 作文

　　"人的差异在于业余时间。"这是爱因斯坦在回忆自己学习时说过的一句话。现实生活中，更是随处可以见到这样的例子：从同一所学校毕业的人，在若干年后相遇时，有的成了某一方面的人才，有的成了某一领域的专家，而有的则一事无成。这其中的原因可以说多半就在于怎样利用各自的业余时间了。

　　古往今来，合理和充分利用业余时间而有所作为的人比比皆是。马克思为了写《资本论》，每天都要抽出时间到图书馆查阅各种资料，十五年风雨无阻，终于完成了这一历史巨著。著名的文学家鲁迅，"把别人喝咖啡的时间"用在读书和写作上，一生著译了一千多万字的作品，为后人留下了宝贵的文化遗产。还有我们身边的一些普通人，他们能在各自的岗位上成为有用之人，正是由于他们善于利用自己的业余时间。

　　时下是一个知识经济时代，是一个人才辈出的时代。西方社会目前流行着这样一条"知识折旧"定律："一年不学习，你所拥有的全部知识就会折旧80％。"

　　一个人在学校求学阶段所获得的知识，不过是他一生所需的10％，甚至有的人还不到10％，其他90％以上的知识则必须在离开学校之后的自学中不断获取。国家、社会和企业等为我们提供了良好的学习机会，只要你想学习、愿意学习，就可以拥有一个理想的学习环境，关键要看你怎样安排你的业余时间。

　　你想使自己成为一个全面发展的人吗？你想让自己成为所从事行业的行家里手吗？那么就请从现在开始，珍惜你的业余时间，利用你的业余时间

吧！假以时日，你定能将自己锤炼成一个令人刮目相看的人！

076

 나의 집 나의 꿈

　　옛 사람이 '농사짓는 사람은 그 밭이 있고, 거주하는 자는 그 집이 있다'라고 하였다. 중국인의 땅과 집에 대한 특별한 감정은 예로부터 있어 왔고, 자신 소유의 집을 갖고 있다는 것은 줄곧 중국인의 가장 높은 삶의 이상이었다. 학교에 몇몇 남자 선생님들이 쉬는 시간을 틈타 흡연실로 달려가 담배를 피면서 자신만의 '부동산 지식'을 이야기한다.

라오리　아이고, 요즘 기름값도 오르고 쌀값도 오르고, 주택 대출 금리도 곧 오르려고 해. 매월 은행 영수증은 무형의 채찍과 다를 바가 없어서 그 걱정으로 머리까지 세었어. 며칠 더 지나면 담배도 세면서 펴야 할 거야. 그래도 샤오왕 너는 홀가분하겠다!

왕샤오　난 이해가 안 가. 자넨 왜 집 하나 때문에 고생을 하려는 거야? 수지가 너무 안 맞잖아! 난 절대 '집의 노예'는 되지 않을 거야. 그 대신 전셋집을 구한 것은 우선 부동산값이 이미 하늘 높은 줄 모르고 치솟아 마음에 드는 집을 사려면 부모님한테 빌붙지 않으면 아무리 기다려 봐도 희망이 없다는 게 이유야. 두 번째로는 집을 사지 않으면 아낀 돈으로 펀드나 주식을 사서 돈을 불릴 수 있지. 투자만 순조롭다면 전세금을 벌어들일 수도 있잖아. 세 번째 전세의 좋은 점은 어디든 살고 싶은 곳에 전세를 얻을 수 있다는 거야. 예를 들면 나중에 아이가 생겨서 학교에 가게 되면 학교 근처에 전세를 얻어 살 수 있잖아. 그리고 만일 회사가 바뀌면 그에 따라 이사할 수도 있고 말이야. 이 점은 집을 사는 사람들과 비교할 수 없지. 게다가 젊을 때 많이 공부하고 재충전하거나 나가서 또 다른 생활을 체험해야 해. 집 하나 때문에 이 모든 것을 포기한다면 정말 얻는 것보다 잃는 게 더 많은 격이지.

라오리　에이, 당신은 그래도 아직 젊잖아. 정말 서른 살이 되면 그때는 달라져. '安居(편안히 거주하다)'해야 '乐业(즐겁게 일하다)'할 수 있어. 전세는 안정감이 없어서 언제까지 전세로 살아야 끝일지 모르잖아. 보아하니 부동산값은 계속해서 올라갈 것이고, 우리 서민들이 더 멀리 뒤처지지 않으려면 '먼저 소비하는' 이 길밖에 없어. 게다가 매달 월세는 거의 주택 대출금과 비슷하니 경제적으로도 누구나 셈이 될 거야. 그 외에 비록 현재의 사회는 이미 많이 개방되었지만 사회가 전세를 구하는 사람에 대한 편견과 차별은 없어지지 않았고, 집이 없으면 '고정적으로 사

155

는 집이 없는 사람'이 되잖아. 외지에서 오는 인구, 유동 인구, 잠시 사는 사람이라는 그런 단어는 들으면 귀에 거슬린다고. 집이 있고 없고는 정말 사회 지위와 신분의 분수령이 되었어. 나는 내 아이에게 학교에서 차이 나는 대우를 받게 하기 싫어.

샤오장 나도 이 점은 라오리 편이야. 하지만 편안히 거주하려는 꿈을 이루기 위해 큰 부담을 진다면 그 기분도 견디기 힘들지. 근데 내가 라오리와 다른 점은 난 10년이 아닌 20년 대출 상환 기한을 선택했다는 거야. 서로 다른 담보대출 방식을 선택하는 것은 서로 다른 생활방식을 선택하는 거라고 생각해. 비록 10년 분할 상환식과 비교했을 때 20%의 이자를 더 납부하지만, 감히 이직도 못하고 즐기지도 못하고 여행도 못하고, 심지어는 아프지도 못하면서 은행 이자가 무서워서 생활을 즐길 시간도 없는 것에 비하면 그래도 가치 있잖아. 이것이 미래의 돈을 쓰면서 현재의 생활을 즐기는 거지.

샤오리우 너희들은 다 괜찮네. 나는 지금 후회해도 늦었어. 당시 순간적인 충동으로 차를 한 대 샀는데, 삶의 수준을 높인다고 그럴듯한 명분을 내세웠지만 결과는 지금 휘발유 값이 하루에도 곱절씩 오르고 주차, 보험, 수리에 드는 비용 역시 따라 올라서 37도의 사우나 같은 날에도 창문을 굳게 닫고 에어컨을 켜지 못하게 되었고, 매번 주유할 때도 정말 마음이 아프고 검진 주기 역시 될 수 있는 한 미루잖고. 내 자신이 살 수는 있어도 몰 수 없는 것을 생각하니 정말 억지로 체면을 유지하는 거야.

한 무리의 남자들이 이 말을 듣고 심히 공감했다. 그래서 자신도 모르게 한숨을 쉬고 고개를 숙여 담배를 피우며 다시 이야기하지 않았다.

语法

1 妈妈动不动就给我讲 **理财经**，听得我头都快爆炸了。
2 就你这高不成低不就的， **猴年马月** 能嫁出去啊？
3 要我看他俩 **没戏**，你就别再白费功夫了。
4 国际奥委会的这次投票结果将成为该国能否申奥成功的一个 **分水岭**。
5 妻子和母亲吵架的时候，丈夫 **站在** 谁 **那边** 都不是。
6 随着租房需求的不断扩大，房租也跟着 **水涨船高** 了。
7 如果你不想被炒鱿鱼的话， **能忍就** 忍着点吧。
8 **打肿脸充胖子** 的人的共同特征就是爱面子。

1 ❶ 最近油价也涨，粮价也涨，他买的房子也马上要加息了，每月银行的催款单让他压力山大。

❷ 首先是房价已经长成了天价，凭自己的能力猴年马月也买不上；其次是不买房，可以用剩下的钱炒股、炒基金，让钱生钱；第三，租房的人可以根据自己的情况随时搬迁；第四，不想因为买房而放弃了学习充电或是出去体验不同生活的机会。

❸ 因为他认为选择不同的按揭方式，就是选择不同的生活方式。虽然利息更高，但是不用害怕跳槽、害怕娱乐、害怕旅游，甚至害怕生病，可以好好享受生活。

❹ 小刘当初一时脑子发热，买了一辆车。结果现在燃油价格一天一翻，停车、保险、保养的费用也水涨船高，甚至桑拿天里也不敢开空调，每次加油都心痛不已，可惜吃后悔药也来不及了。

2 ❶ 租房的好处是：可以根据个人的实际情况随时搬家，没有买房时需要考虑的地段、房价、升值空间等的烦恼。另外可以用买房的钱做自己想做的事，尽情享受生活。
租房的坏处是：因为居无定所，所以没有安定感。买房的好处是：不用四处漂泊，有安定感。而且如果运气好房价上涨的话，也会小赚一笔。买房的坏处是：为了还房贷，一辈子做牛做马，必须放弃享受生活。另外，如果房价暴跌的话，也只能急得直跺脚而束手无策。

❷ 我买房子的时候，最看重的是地段。因为我觉得房子在是一个居住空间的同时，也是一种理财的方式。地段往往决定一个房子的升值空间有多大，因此如果选对了地段，很有可能会有一笔很可观的收入。

❸ 我对"啃老族"的态度是哀其不幸，怒其不争。首先他们是可怜的，因为他们是一群因抛弃社会而被社会抛弃的人。另外，他们又是让人愤怒的，因为他们缺少毅力，为自己的堕落编造借口，却从不想着努力去生活。
我身边有"啃老族"。他是我的大学同学，大学毕业后，由于经济不景气，就业很难，几次就业失败后，让他意志消沉，心灰意冷，从此一蹶不振，沉迷于网络游戏当中。每天过着衣来伸手，饭来张口的生活，几乎变成了一个废人。

说一说 2

1 拼购是一种集体购买的形式，几个有共同需求的人，可以通过网络联系以后，实行团购。拼购的好处是可以降低成本，容易砍价，享受个人购买享受不到的优惠，是一种既经济又实惠的新型购物方式。

2 拼二手是各自把闲置在家的二手货拿出来，与有需要的人进行交换，各得所需，它是二手货的处理和再利用的过程。通过这个过程，拼客们可以免去换新与回收的苦恼，更不用为二手货报废在家中而忧愁，只要拿来互相交换就可以轻松解决一切烦恼，真是再方便不过了。

 '공유'를 잘해야 승리할 수 있다

근검, 절약에 대한 화제는 보기에는 촌스러운 소비 관념 같지만 갈수록 시대적 유행으로 변했다. 젊은 사람들 사이에 나날이 성행하는 이름하여 '拼客'라는 현상에서 '拼'은 '죽을힘을 다해', '필사적'이라는 의미가 아니라, '조합하고 병합한다'는 의미이다. 공유자들은 통상적으로 인터넷을 통해 마음이 서로 맞는 사람들끼리 함께 모여 일 혹은 활동을 공동으로 완성하고 더치페이를 한다. 이렇게 하면 원가는 나누고 혜택은 함께 누릴 수 있으며 즐거움을 향유하고 그 와중에 친구를 사귈 수도 있다. 간단하게 말하자면, 더 많은 사람을 모아서 더 큰 힘을 만들어 낼 수 있으며, 돈은 더 적게 쓰고 에너지도 덜 소모하면서 우리가 하고 싶은 일을 이루어낼 수 있으며, 더 많은 즐거움을 얻고 더 좋은 생활을 누릴 수 있다.

'黑客(해킹)', '闪客(플래쉬)' 등 수입 출신의 어휘와 다른 것은 '拼客(Pinker)'는 정통적인 중국식 영어라는 것이다. Pinke는 즉 '拼客'의 병음인데 더욱 영어 단어처럼 보이게 하기 위해서 r을 뒤에 더해 지금의 Pinker가 되었다.

'拼客'와 대응되는 어휘는 더치페이(AA制)일 것이다. 하지만 더치페이와 공유(拼客) 사이를 간단하게 등호로 그릴 수는 없다. 왜냐하면 전통적으로 더치페이는 대부분 아는 사람들, 예를 들어 동창, 친구, 동료 사이에서 일어난다. 하지만 공유는 종종 서로 모르는 사람들 사이에서 비용을 분담하는 것이다. 이외에, 더치페이는 단순한 비용 분담이지만, 공유는 인터넷의 도움을 받아 지출을 줄이는 동시에 공평하고 간단한 경제 관계에서 더 많은 사람들과 수월하게 우정을 쌓을 수 있다. 간단하게 말해서 더치페이는 단지 일종의 소비 관념이고, 공유는 이미 일종의 생활방식이 되었다.

공유자들의 슬로건은 '공유를 잘해야 승리할 수 있다'는 것으로 그들은 항상 생각할 수 있는 모든 것을 공유하고자 한다. 예를 들어, 카드 공유, 구매 공유, 경기 공유, 여행 공유, 학습 공유, 식당 공유, 중고 공유, 서적디스크 공유 등등, 그 구실은 매우 많아서 일일이 다 열거할 수 없다.

그중 가장 흔히 보이는 것으로 카풀(拼车)이 있다. 출발지와 목적지가 가깝거나 가는 길이라는 상황에서, 몇 사람이 무리를 지어 차를 함께 타고 간다. 차비는 평균으로 나누거나 거리의 멀고 가까움을 근거로 하여 비율에 따라 나눈다. 평소 출퇴근할 때 카풀을 하고, 주말에는 교외로 놀러 가면서 카풀을 하며, 긴 연휴 동안 고향을 갈 때도 카풀을 하고, 출장 갈 때도 카풀을 한다. 매우 편리하고 신속하며 경제적으로도 실속 있으며 또 자원도 절약할 수 있다!

생각지도 못한 결혼 공유(拼婚)라는 것도 생겼다. 오해하지는 말라. 이는 집단 동거가 아니라 집단으로 결혼사진을 찍거나, 결혼 시기가 가까운 몇 쌍의 사람들이 함께 결혼사진을 찍고 가구를 사고 결혼식 자동차를 빌리고 레스토랑을 예약하는 등 단독으로 구매할 때 받을 수 없는 할인을 얻는다. '단결이 힘이다'라는 과거의 이 오래된 말이 다시 새로운 의미로 가득해 진 것 같다.

전문가들은 이것은 사람들의 소비 관념과 행동이 성숙해 가는 하나의 표현 형태이며, 일종의 절약과 환경보호의 생활방식으로 광범위하게 제창할 만하다고 여긴다. 어떠한가? 당신도 공유해 보고 싶은 마음이 들지 않는가?

▶ 정답

❶ 拼客们通过网络联络一群志同道合的人，集中在一起共同完成一件事或活动，实行AA制消费。好处是既可以分摊成本、共享优惠，又能享受快乐并从中结交朋友。

❷ 首先，AA制发生在认识的人之间，而拼客常常是不认识的人之间分摊费用。其次，AA制是单纯的分摊费用，但是拼客借助于网络，节约支出的同时，还可以跟更多的人建立友情。可以说，AA制只是一种消费观念，而拼客是一种生活方式。

❸ 拼卡、拼购、拼竞技、拼游、拼学、拼餐、拼二手、拼书碟等等。最常见的是拼车。起始地和目的地相近或顺路的情况下，几个人结成伴，一起搭车上路，车费均摊或根据路程远近，按比例分配。如平日上下班拼车、周末郊游拼车、长假回家拼车、出差办事拼车等等。

❹ 我愿意当拼客。我最想拼房。现在的房价水涨船高，只靠一个人租房子负担太重，如果找一个人拼房的话，既可以节约支出，又可以交朋友，一箭双雕，应该说非常划得来吧。

写一写

1 ❶ 公司研究出一套先进的管理系统，由此公司的管理成本比过去节省了将近一半。/ 公司研究出一套先进的管理系统，由此公司的管理成本比过去节省了将近二分之一。
숫자의 증가를 나타낼 때는 분수 또는 배수를 쓸 수 있고, 숫자의 감소를 말 할 때에는 오로지 분수만 쓸 수 있다.

❷ 今年上海站已超计划完成了2.4万吨运输任务，与原计划相比，提高了百分之五十。
수량의 증감을 말하는 방법에는 얼마나 증감했는지(증감의 수량을 증명함) 말하는 것과 얼마까지 증감했는지(증감 후의 실제 수량을 말함) 말하는 것이 있는데, 두 화법을 함께 쓸 수 없다.

❸ 现在去境外旅游的人越来越多，去年去境外旅游的旅客只有3000多人，而今年增至30000多

人，比以往多九倍。/ 现在去境外旅游的人越来越多，去年去境外旅游的旅客只有3000多人，而今年增至30000多人，是以往的十倍。
'A + 比 + B + 大/多/高 + N倍', 'A + 为 + B + 的 + (N+1)倍'의 표현은 형태는 다르지만 같은 뜻이므로 함께 쓸 수 없다.

④ 成功的关键在于个人的勤奋。/ 个人的勤奋对成功起着决定性作用。
'关键在于……'와 '……起决定作用'이라는 표현은 함께 쓸 수 없다.

⑤ 这次重大事故的原因是驾驶员酒后驾车。/ 这次重大事故是由驾驶员酒后驾车造成的。
'是由……造成的'와 '是因为……'라는 표현이 함께 쓰였다. 둘 중 한 가지만 써야 한다.

2 ① 等号　② 之间　③ 分摊
　④ 建立　⑤ 言之　⑥ 方式

1 「녹음원문」

许多人认为，住在属于自己的房子里，才会真正有家的感觉。一种必须澄清的理念是，除了买房以外，租房同样是一种改善居住条件的途径。时下，不少人对租房的认识存在一定的误区，总认为租房花了钱到头来房子还是人家的，自己仍是一无所有。事实上，耗费数十万元、上百万元买了房，不过是将未来几十年租房的钱，集中在短期内支出而已。倘若出现比目前房价水平下跌的情况，就更得不偿失了。

从一些发达国家和地区的现状来看，并不是每个人都有必要买一套房子。在他们看来，病了有医疗保险，老了就住到养老院去，能享受的时候就尽情享受，何必为了一套房子累死累活呢？

租房，不仅是一种生活态度，也是一种理财之道。许多人不是投资客，他们是只有一套房子自住的普通人家，但如今他们中的一些人毅然决定卖掉自己仅有的一套房，开始颠沛流离的租房生涯。他们搬到租来的房子里，用卖掉房子换来的钱做自己想做的事。他们说："生活，不应该被房子困住。"

2 ① 不少人认为租房花了钱到头来房子还是人家的，自己仍是一无所有。
　② 在发达国家和地区，大部分人认为，并不是每个人都有必要买一套房子。他们认为，病了有医疗保险，老了就去养老院，没必要为了一套房子累死累活。
　③ 作者认为租房是改善居住条件的一种途径，另外，如果花了数十万、上百万买了房，结果房价突然下跌，那就更得不偿失了。
　④ 我从小到大搬过无数次家。因为父母工作的关系，我们不得不每几年搬一次家。印象最深的是，由于手头拮据，我们一家四口人不得不挤在一间不足20平米的房子里。虽然当时生活很辛苦，但全家人生活在一起，现在想起来也觉得很温馨。

STEP1 提纲

① 提出自己的观点
：我认为应该"先赚钱再花钱"。

② 论述自己的观点
："先赚钱再花钱"的好处以及"先花钱再赚钱"的坏处

STEP2 作文

随着商品经济的发展，人们的生活水平大幅度地提高了。与此同时，人们的消费观念也随之发生了翻天覆地的变化。以前人们都信奉"勤俭是美德"，而如今信用卡、贷款等提前消费的现象比比皆是，"花明天的钱"似乎一夜之间成了一种时尚。但我个人认为，"先赚钱再花钱"才是合理的消费方式。

首先，"先赚钱再花钱"可以帮助我们合理地规划支出，养成勤俭节约的好习惯。每一分钱都是得来不易的，是通过辛辛苦苦的努力工作赚来的，不应随随便便地浪费掉，特别是应尽量避免冲动消费。"先赚钱再消费"能够帮助我们学会如何把每一分钱都"用在刀刃上"。

其次，"先赚钱再花钱"可以更快地积累财富。俗话说"积沙成塔"，"先赚钱再花钱"可以让我们节省更多的钱，从而将这些钱投入到储蓄中，这样日积月累，最终定会积攒一笔可观的财富。这笔财富，可以给我们带来美好的生活，甚至可以帮助我们开创自己的事业。当然也能够帮助别人，回报社会。

最后，"先花钱再赚钱"表面上看似乎只是一种消费方式，但其实它更是一种生活态度。古人说："成由俭，败由奢"，这种提前消费的方式，很可能导致严重的后果——花钱大手大脚，做事没有计划，顾前不顾后等等。我们在消费时，不得不考虑偿还能力，以及可能出现的种种风险。提前消费将会给我们的生活带来重大的负担，最近信用不良者人数激增就是最好的例子。

总而言之，"先赚钱再花钱"才是合理的消费方式，我们绝对不能让奢侈浪费变成成功路上的绊脚石。树立正确的消费观对每一位现代人来说，都是十分重要的。

chapter 06 大圈子 小圈子
큰 범위와 작은 범위

会话 — 친구가 많으면 방법도 많아진다

왕린이 상하이에서 베이징으로 출장을 왔기에, 대학 졸업 후 오랫동안 함께 모이지 못했던 친구들이 이 기회를 이용해서 그녀에게 환영회를 열어 주었다. 모처럼 모이게 되어 저절로 감개무량해졌다.

아치앙 여러분, 오늘 우리가 함께 모여 밥을 먹는 것은 샤오린에게 환영회를 열어 주자는 동시에 송별회도 열어주자는 거야. 샤오린 덕분이지. 그녀가 오지 않았다면 우리가 또 언제 만날 수 있을지 모르잖아! 자, 우리 모두 잔을 들고 한 잔씩 하자고!

왕린 아이고, 송구스럽네. 내가 이 저녁에 와서 너희들을 이렇게 번거롭게 해서 정말 미안해.

리리 샤오린, 네가 이렇게 말하면 우릴 남처럼 대하는 거야. 우리가 모두 어떤 사이냐, 네가 오는 걸 보고 기뻐하고 또 기뻐해도 모자랄 판인데 어떻게 번거롭게 한다는 말을 할 수 있겠어? 우리들 몇이서 만날 때마다 항상 네 얘기를 하는데, 너는 우리에게 인사치레의 말을 하다니 빨리 벌주 한 잔 하지 못하겠어?

왕린 알았어, 알았어. 내가 잘못했어. 사실 나도 너희들 정말 보고 싶었어. 일을 시작하고서야 동창 간의 정이 진짜이고 관계 역시 직장의 인간관계와 달리 복잡하지 않고 순수했었다는 것을 알게 됐지. 매일 옥신각신하고 무슨 말을 해도 조심해야 하잖아. 나는 선천적으로 기지가 부족한 사람이라, 졸업 전에 너희들이 내게 학교를 떠나면 반드시 조심하라고 일깨워 줬었는데, 나는 그걸 기억한다 기억한다 하면서도 그냥 잊어버려서, 이 때문에 몇 번 고생했었어. 역시 치앙 오빠의 성격이 좋아. 마음씨도 따뜻하고 사교성도 좋아서 어딜 가나 환영 받잖아.

아치앙 됐어, 나 칭찬하지 마. 나도 세심하게 주의를 기울이면서 행동하는 걸! 학교에 있을 때, 모두 식당-교실-기숙사 '세 곳이 하나의 선으로 연결되어 교제 범위가 가여울 정도로 좁았어. 그런데 일을 시작하고 나서는 위로는 상사가 있고, 중간에는 직속상관이 있고 아래로는 각급 동료들이 있어 어느 누구의 미움도 살 수 없으니, 매일 웃는 얼굴로 상대해야 하잖아. 하물며 내가 하는 일이 또 영업이니 고객은 바로 왕이지. 만일 왕의 기분이 좋지 않으면 나의 판매 수치도 모두 물거품이 되어버릴 거야.

리리 네 지금 이 뛰어난 말재주로도 난처할 때가 있을 줄 생각도 못했네. 그럼 빨리 범위를 확장시킬 수 있는 비결이 무엇인지 가르쳐줘. 결혼 후에 사직하고 전업주부가 되어 내 교제 범위도 갈수록 좁아지고 있어. 출근할 때는 바로 그만두고 집에 돌아가서 한가로움을 누리고 싶었는데, 정말 걱정할 필요가 없는 그날이 되자 오히려 정말 우울하게 느껴지더라. 바깥 세상이 마치 나와 무관한 듯하더라고. 또 예전 동료나 친구와의 공통 화제도 적어진 듯하고.

아치앙 친구가 많으면 방법도 많아지는 법이야. 사실 무슨 방법이 있다고 할 건 없지만, 그저 상대방과 진심으로 마음을 주고 받으면 되는 거야. 먼저 입을 열어 인사하고, 무슨 뉴스거리나 우스운 이야기들을 수집해서 천천히 분위기를 활기차게 만드는 요령을 찾아야지. 게다가 웃는 얼굴 못 때린다고, 말이나 행동을 너무 제멋대로만 하지 않으면 돼. 스스로도 즐겁게 하고 주변 사람들도 편하게 하면 되는 거야.

왕린 난 그래도 자신의 있는 그대로의 모습을 보여주는 게 가장 중요하다고 생각해. 군자의 교제는 물과 같이 담담하다잖아. 더군다나 사람의 마음은 오래나 봐야 알 수 있는 거고. 역시 옛 친구가 좋아! 아이고, 오늘 헤어지면 언제 다시 만날 기회가 올지 모르겠다!

아치앙 너무 이렇게 마음 아파하지 마! 요즘 교통이 이렇게 편한데, 언제 우리 또 상하이에서 한 자리에 모여 밥 먹으면서 이런저런 이야기를 할 수 있을지도 모르잖아. 자, 우리 흥 깨는 소리 하지 말고, 모두 젓가락 들자고! 따뜻할 때 먹어야지, 요리 다 식겠어!

语法

1 <mark>咱俩谁跟谁</mark>，你就把这儿当自己家吧，别见外。
2 最近太累了，昨晚那么精彩的电视剧也<mark>看着看着睡着了</mark>。
3 我这个初步妈妈，连自己都照顾不好，养孩子就更是<mark>摸着石头过河</mark>了。
4 为了准备就业，我每天都过着家-学校-图书馆<mark>三点一线</mark>的生活。
5 我苦心准备的烛光晚餐因老公加班而彻底<mark>泡汤</mark>了。
6 他凭着那<mark>三寸不烂之舌</mark>，终于把女朋友哄到了手。
7 <mark>多个朋友多条路</mark>，走进社会以后你就能理解其中的内涵了。
8 俗话说："路遥知马力，<mark>日久见人心</mark>。"交朋友一定要慎重才是。

说一说 1

❶ 因为王琳从上海来北京出差，所以几个好久没见的大学同学趁着这个机会聚在一起，给王琳接风兼饯行。

❷ 她参加工作后体会最深的就是同学之间的感情最真，关系也最纯，不像办公室政治那么复杂。

❸ 丽丽当了全职太太以后，交往圈子越来越小了。上班时恨不得马上洗手不干，可真的清闲了，反而感觉挺郁闷的。感觉外面的世界好像跟她无关

似的，跟原来的同事和朋友之间的共同话题也越来越少了。

❹ 秘诀就是以心换心。先开口打个招呼，多搜集些什么新闻话题、笑话短信之类的，慢慢地就能找到活跃气氛的窍门。还有就是说话做事不能太由着性子，应该笑脸迎人。

2 ❶ 我的交友原则是：与我志同道合，有共同语言，并且性格比较合得来，最重要的是不能处处耍心机，在背后算计别人。我的交友态度是以诚相待，用真心换取真心，有福同享，有难同当。

❷ 我最好的朋友是高中时期认识的。读书时认识的朋友都是以真心相待的，没有利益冲突，也不会勾心斗角，即使以后各自走向社会，也会一辈子维持友情。工作时认识的朋友大部分都是因利益关系而走到一起的，有时甚至是不得不打交道的，这种友情的基础比较脆弱，如果利益受损，友情也会瞬间支离破碎。

❸ "办公室政治"，顾名思义就是职场生活中应该遵守的原则。例如：上下属关系应该明确，言行举止应适当，不要在人前人后议论他人，工作应训练有素，上班守时，下班尽量推迟到上司离开办公室等等。

说一说 2

1 刘备、关羽和张飞，三人情投意合，立志共同干一番事业。他们决定在桃园结拜为义兄弟。三人准备了青牛白马，作为祭品，一边礼拜一边宣誓愿同甘共苦，不求同年同月同日生，但求同年同月同日死。这就是著名的桃园三结义。

2 我很赞成"人生得一知己，足矣"这句话。朋友在于质，而不在于量。如果结交的都是一些酒肉朋友或者狐朋狗友的话，在你有困难的时候，他们都会消失得无影无踪。只有真正的知己才会在你有需要的时候向你伸出援助之手，才会与你有福同享，有难同当。人活一辈子，知己哪怕只有一个也不枉此生了。

 课文   풍속에 따른 소비──정인가? 빚인가?

상권계에 '金九银十'라는 의견이 유행한다. 즉 9, 10월의 시장이 가장 좋은 판매 계절이라 이 시기 풍속에 따른 소비(人情消费)도 최고봉을 이룬다는 것이다. 이 때문에 모 신문에서 관련 조사를 실시하였다.

55%의 피조사자들이 풍속에 따른 소비에 대해 어느 정도의 부담을 갖고 있었고, 25%는 스트레스가 매우 크다고 하였다. 풍속에 따른 소비의 스트레스가 있을 때도 있고 없을 때도 있다고 한 사람이 12%를 차지했고, 아무런 스트레스도 없다고 한 사람은 단지 8%에 불과했다. 풍속에 따른 소비라는 '항목'에서 혼인과 초상이 차지하는 비율이 22.6%였고, 생일이나 동창회 등 모임이 18.5%, 친척과 친구 등의 자녀들의 진학이 17.8%, 출산이 12.9%, 상사에게 선물을 주는 것이 10.4%, 친지나 친구 방문이 7%, 병문안이 8.1%를 차지했다.

풍속에 따른 소비는 사람마다 모두 있다고 할 수 있으나 그 마음가짐은 서로 다르다. 조사 결과에서 사람들에게는 다섯 가지의 소비 심리가 존재함이 나타났다.

감정론: 모 회사 직원 장 선생은 단호하게 '인정의 빚'이라는 이 의견을 부정하였다. 그는 "인정은 인지상정 아닙니까. 부조금을 내는 것도 삶 속에서 가족의 정이나 우정 등의 정상적인 교제이죠. 게다가 일평생에 대사(大事)는 몇 번뿐인데, 돈으로 정성을 표현하고자 하는 이것은 매우 자연적인 거죠."라고 하였다.

저축론: 풍속에 따른 빚에 대해서 시민 오 선생은 마음 상태가 매우 평화스러웠는데, 그는 부조금을 내는 것을 저축으로 보았다. 오 선생은 "저축은 돈을 은행에 예금하는 것이고, 부조금을 내는 것은 돈을 친지나 친구에게 예금하는 것이라서 조만간 현금으로 바뀔 수 있죠. 그래서 저는 여태까지 이것 때문에 걱정한 적이 없어요."라고 하였다.

보상론: 자영업 사장인 진 여사는 돈을 들이면 언젠가는 보답이 있을 것이라는 것을 굳게 믿는다. 그녀는 "이 세상에서 가장 돌려주기 힘든 빚이 바로 정에 의한 빚이에요. 장사를 하지 않을 때는 모르죠. 부조금을 내야 하는 일이 생기면 도망갈 수 있으면 바로 도망갔어요. 지금은 제가 사업을 하니 사방에 모두 친구가 필요하더라고요. 그래서 업무상 교제가 있는 예라면 저는 다 따릅니다. 이렇게 해야지만 사람들이 비로소 저를 사귈만한 사람으로 여기고 일을 처리하기 편하다고 생각하죠."라고 말한다.

체면론: 월 급여가 겨우 800위안인 하 여사는 체면을 매우 중시하여 경조사를 구분하지 않고 초청장만 받으면 잘 알든 잘 알지 못하든 간에 흔쾌히 간다. 그녀는 "비록 어떤 사람은 알기만 할 뿐 평소에 말도 많이 하지 않았지만, 그 사람이 입을 연 이상 그래도 체면을 살려주지 않을 수 없잖아요. 제 자신이 좀 절약하면 그냥 지나가니까요."라고 하였다.

재물 착취론: 모 기업체의 이 선생은 인정의 빚에 대한 감회가 매우 깊었다. 그는 사람을 가장 견디지 못하게 하는 것은 권위가 있는 사람이나 평소에 그렇게 왕래가 많지 않은 친구의 초청장을 받는 것인데, 그러면 반드시 그들은 또 무슨 큰 일을 치르듯이 이 기회를 틈타 재물을 착취하는 것이라고 생각한다.

▶ 정답

❶ 关于人情消费的调查结果显示：55%的人对于人情消费感觉有一定负担；25%的人表示压力很大；12%的人表示对人情消费的压力时有时无；仅有8%的人表示没有任何压力。在人情消费"项目"中，婚丧嫁娶占22.6%；生日、同学会等聚餐占18.5%；亲朋等孩子升学占17.8%；喜得贵子占12.9%；给领导送礼占10.4%；走亲访友占9.7%；探病占8.1%。

❷ 情意论：认为随礼是生活中的亲情、友情等的正常交往，随点钱表达心意是很自然的。
情蓄论：认为随礼是储蓄，是把钱存在朋友那儿，早晚会兑现。
回报论：认为随礼相当于还人情债。因为人不管做什么都需要朋友，需要随礼时随了礼，以后办事才方便。
面子论：认为不管关系亲疏远近，只要对方张口，就应该给个面子随个礼，本人紧一紧就过去了。
捞钱论：认为稍有权势或者平时不甚往来的人发请帖的目的，就是想通过操办宴席而敛财。

❸ 我用于人情消费的支出很多。我和我的同龄人，正处于结婚适龄期，几乎每个月都要参加一次婚礼。结婚早的同龄人，生了孩子，还要请满月酒，这又是一笔不小的支出。还有同事、上司有什么婚丧嫁娶的事，都是想逃也逃不了的。另外，父母的生日以及逢年过节的礼物和零用钱。礼金多得简直让人喘不过气来。

❹ 我认为"人情债"是世界上最难还，但是又不得不还的债。虽然人生活在这个世界上，不可能不与别人打交道，但是涉及到人情方面的问题，我尽量会避免欠下债的，因为人情债用钱是不可能还清的。

写一写

1 ❶ 他的死是为了救一名要过马路的孩子。/ 他是为了救一名要过马路的孩子而死的。
'他的死是为了……'와 '他是为了……而死的'라는 표현은 함께 쓸 수 없다.

❷ 菜中添加的调料以适量为宜。/ 菜中添加的调料适量即可。
'以……为宜'와 '……即可'라는 표현은 함께 쓸 수 없다.

❸ 这次重大事故是由他的马虎大意造成的。/ 这次重大事故的发生是因为他的马虎大意。
'是由……造成的'와 '是因为……'라는 표현은 함께 쓸 수 없다.

❹ 今年公司的产量与去年同期相比，增加了30%。/ 今年公司的产量比去年同期增加了30%。
'与去年同期相比，增加(减少)了……'와 '比去年同期增加(减少)了……'라는 표현은 함께 쓸 수 없다.

❺ 本次选拔基层干部，将本着客观公正的原则来进行。/ 本次选拔基层干部，将以客观公正为原则来进行。
'本着……原则'와 '以……为原则'라는 표현은 함께 쓸 수 없다.

2 ❶ 坚决　❷ 常情　❸ 辈子
❹ 心意　❺ 看成　❻ 兑现

听和说

1 「녹음원문」
同事之间最容易形成利益关系，如果对一些小事不能正确对待，就容易形成沟壑。日常交往中我们得注意把握几个方面，来建立融洽的同事关系。

首先得以大局为重，不要互相拆台。对于同事的缺点，如果平日里不当面指出，一与外单位人员接触时，就很容易对同事品头论足、挑毛病，影响同事的外在形象，长久下去，对自身形象也不利。同事之间要有集体意识，特别是在与外单位人接触时，要形成"团队形象"的观念，多补台少拆台，不要为自身小利而妨害集体大利，最好"家丑不外扬"。

其次对待分歧时，要求大同存小异。同事之间由于经历、立场等方面的差异，对同一个问题，往往会产生不同的看法，引起一些争论，一不小心就容易伤和气。面对问题，特别是在发生分歧时要努力寻找共同点，争取求大同存小异。实在不能一致时，不妨冷处理，表明"我不能接受你们的观点，我保留我的意见"，让争论淡化，又不失自己的立场。

2 ❶ 首先得以大局为重，不要互相拆台。其次对待分歧时，要求大同存小异。

❷ 家人之间、亲朋好友之间、同事之间、公司之间，甚至国家之间的丑事，都可以使用"家丑不外扬"这句话。

❸ 我与同事还未曾发生过矛盾。不过我的朋友曾经跟同事发生过矛盾。我的朋友在公司里很受上司的赏识，有眼力见，做事干脆，还会哄上司开心，因此公司里的许多同事都嫉妒他，处处为难他。这让他很是苦恼，也很受压力，最后他终于忍受不住，跳槽了。

作文

STEP1 提纲

❶ 提出自己的观点
　: 我认为二者一样重要

❷ 举例证明自己的观点
　: 朋友伴随我们一起成长，共同分享痛苦快乐……

❸ 如何处理好友情和爱情的关系
　: 把友情和爱情合二为一

STEP2 作文

　　对我来说，这是一个很难选择的问题。因为友情和爱情就像左手和右手一样，少了一个都不行。

　　从小到大，没有一个人身边没有朋友。我们每个人都是跟朋友一起成长，一起分享欢乐、痛苦和秘密的。我不能想象，如果没有朋友的话，我的生活会是什么样子的。我想孤独寂寞会是唯一的答案。尤其是在遇到困难或是受到压力的时候，朋友会安静地倾听我们的苦闷，给我们出主意，就好像冬天里最温暖的那双手一样，给我们力量和安慰。

　　但是爱情也是必不可少的。长大成人后，我们都会经历爱情，成家立业，繁衍后代。爱情是婚姻的基础，为了找到我们终生的伴侣，为了一生的幸福，怎么可以少了爱情呢？甚至说爱情是幸福生活的动力也毫不为过。

　　所以我觉得无论是友情还是爱情，少了任何一个，人生都是不完整的。如果两个人真正相爱的话，就会合二为一，自然而然地也会接受对方的朋友，那么他们生活中的朋友不但没有减少，反而增加了。可见，爱情跟友情并不是对立的。其实只要处理好两者的关系，既不会因为爱情而忽视了友情，也不会由于友情而冷落了爱情。这样我们的人生也会变得更加美好和甜蜜。

chapter 07 时光机器
타임머신

108

 만일 10년 전으로 되돌아간다면

　　방송국의 황금 프로그램《实话就是要实说》에서 오늘 '만일 10년 전으로 되돌아간다면'이라는 제목으로 토론을 진행한다. 관중들이 모두 자신의 의견을 발표하는데, 제각기 한 마디씩 하면서 토론하기 시작하여 그 열기가 매우 뜨겁다.

사회자 10년이면 3,650여 날인데 보기에는 길어 보이지만 돌아보면 10년이 마치 손가락 한 번 튕기는 것처럼 한순간인 것 같습니다. 여러분은 만일 10년 전으로 되돌아갈 기회가 있다면 무엇을 하실 건지 생각해 본 적 있으신가요?

관중A 만약 세월이 10년 전으로 되흘러 간다면, 전 꼭 복권을 많이 살 거예요. 왜냐하면 전 이미 당첨번호를 알잖아요. 나도 욕심은 부리지 않아요. 단지 오백만 위안 상금에 한 번만 당첨되면 돼요. 그 후에 상금을 들고 유유자적하며 한평생 사는 거죠. 매일 일찍 나가고 늦게 들어오며 사장을 위해 목숨 걸고 일할 필요도 없고요. 맞다, 그리고 예전에 권세에 빌붙어 약자를 괴롭히던 사람들에게 무엇이 '10년이면 강산도 변한다'라고 하는 것인지 알게 해 줄 거예요.

관중B 저도 큰 상에 당첨되고 싶어요. 근데 상금을 받으면 난 분명히 자세히 재무 계획을 세울 것이고, 일찌감치 비상장 주식과 우량주를 살 거예요. 때가 되어 주식시장이 상승세가 되면 크게 한몫 벌 수 있죠. 절대 지금처럼 매일 기회를 놓쳐서 창자까지 후회로 검어지진 않을 거예요.

사회자 외람되지만 한 가지 여쭤봐도 될까요? 당신은 어떤 일에 종사하나요?

관중B 저는 은행에서 일해요, 금융업에 종사하죠.

사회자 아, 어쩐지! 당신은 정말 세 마디에 직종이 들어나는군요. 이 두 분의 말은 어찌 된 건지 모르지만 저에게 '돈만 있으면 귀신에게도 맷돌질하게 할 수 있다'는 말을 생각나게 하는군요. (모든 사람이 크게 웃는다)

관중C 만일 과거로 돌아갈 수 있다면, 저는 분명 다시는 머뭇거리며 결정하지 못하고 고민하지는 않을 거예요. 그대신 용감하게 그 여자아이의 손을 잡고 그녀에게 고백할 거예요. 그녀가 저를 거절하더라도 상관없어요. 왜냐하면 그렇게 해도 비록 성공 가능성이 50% 밖에 안되지만, 그렇게 하지 않으면 성공 가능성은 0이니까요.

사회자 과연 영웅도 미인에는 약하군요! 비록 차는 한 대 놓쳤지만, 다음 번 차가 왔을 때는 당신이 기회를 잡을 수 있길 바랍니다.

관중D 만일 10년 전으로 되돌아간다면 저는 얌전히 아빠 엄마 말씀을 듣고, 다시는 일이 바쁘다는 핑계로 반 년에 한 번 집에 가면서 부모님께서 저를 걱정하는 일은 없게 할 거예요. 그리고 자주 할머니 곁에 있으며 할머니께서 만들어 주시는 백숙도 먹고, 손자가 해야 할 일을 하면서 저의 불효를 속죄할 거예요. (말을 하면서 눈가가 젖었다)

사회자 소위 '나무는 고요하게 있고 싶어하나 바람이 그치지 않고, 자식이 부모님을 봉양하고자 하나 부모님은 기다리지 않는다'라는 것이군요. 사실 부모님께서 바라시는 것은 많지 않거든요. 자주 고향에 가서 뵙고, 그들과 사소한 일들을 이야기하고, 엄마의 자신 있는 요리를 맛보고, 아버지를 모시고 목욕탕에 가서 등을 밀어드리는 이런 것뿐이죠. (현장의 관중들이 생각에 잠긴 듯 매우 동감한다)

관중D 10년 전, 저는 아직 고등학생이었죠. 만일 다시 한 번 더 고등학생이 된다면, 저는 반드시 열심히 공부할 거예요. 정말이에요. 부모님의 잔소리나 선생님의 압력 때문이 아니라 제 자신을 위해서요. 옛말에 '젊을 때 노력하지 않으면, 늙어서 비관해도 쓸데없다'라는 말이 정말 맞아요. 만약 다른 사람이 얻지 못한 성공을 얻으려면, 보통 사람들을 초월한 노력을 해야죠. 특히 젊을 때는 더 그래요.

사회자 이 점은 저도 동감이에요. 하지만 '늙어 죽을 때까지 배움은 끝나지 않는다'라는 말이 있으니, 이 말로 우리 서로 용기를 내도록 해요.

관중E 만일 10년 전으로 돌아간다면, 저는 10년 후에 콧대에 무거운 안경을 걸치는 것을 면할 수 있도록 시력을 잘 보호할 거예요. 그리고 운동을 많이 할 거예요. 그러면 지금 똥배가 나오지도 않을 것이고 허리를 굽혀 구두 끈을 묶을 때에도 숨이 차지는 않을 테죠. 젊을 때는 건강으로 모든 것을 바꾸고, 나이가 들면 모든 것으로 건강을 바꾸죠.

사회자 10년이라는 시간은 항상 순식간에 지나갑니다. 사람들로 하여금 상상하고, 상심하거나 후회하게 만들 수도 있죠. 10년 전으로 되돌아가면 당연히 좋을 겁니다. 하지만 어쨌든 이는 단지 아름다운 꿈일 뿐이에요. 과거를 변화시킬 수 없는 걸 알기에, 우리는 현재를 장악하고 자신이 할 수 있는 가장 큰 노력을 하여, 오늘을 10년 후의 후회로 만들지 않아야 할 것입니다. 모든 사람들이 마음속에 생각하고 있는 일이 다 이루어지길 바라며, 시청자 여러분 다음 시간에 뵙겠습니다.

语法

1 弹指一瞬间，没想到大学毕业都十年了。

2 想当年，他要风得风，要雨得雨，如今却沦为阶下囚，真是"十年河东，十年河西"啊!

3 在一个领域工作三年以上的人，基本上聊天时都是三句话不离本行。

4 虽说有钱能使鬼推磨，但我依然相信这世界还有公道。

5 自古英雄难过美人关，许多英雄豪杰最终都败在美女之手。

6 不要说"等我发财了，一定好好儿孝顺父母"这样的话，要知道"子欲养而亲不待"，现在才是最重要的。

7 年轻时总觉得时间还很多，老了以后才悔悟"少壮不努力，老大徒伤悲"。

8 知识的海洋无边无垠，只有"活到老，学到老"，才不会被社会淘汰。

说一说 1

1 ❶ 如果时光倒流十年，A想买彩票，因为他已经知道彩票的中奖号码，他打算中个五百万的大奖，然后悠闲地享受下半辈子。

❷ 因为C说如果能回到过去的话，他一定会毫不犹豫地握住那个女孩子的手，向她表白。哪怕遭受拒绝也无所谓，因为表白的话，成功率是百分之五十，而不表白的成功率就是零。

❸ 如果能回到十年前，D一定会乖乖地听爸妈的话，不再为了不回家找借口。他要常陪在奶奶的身边，喝奶奶煲的鸡汤，做一个好孙子该做的事。

❹ 十年前他的视力很好，但现在鼻梁上架着沉沉的眼镜；十年前他不胖，但现在却挺着个将军肚，连系鞋带也会累得气喘吁吁。

2 ❶ 韩国有三大电视台，分别是KBS、MBC、SBS。目前在韩国最受欢迎的娱乐节目要数《无限挑战》了。《无限挑战》之所以能够受到广大韩国观众的支持，我想离不开《无限挑战》队员们的努力，以及制作组精心的节目策划。他们天衣无缝的合作，使得每一期的节目都精彩纷呈，充满新鲜感，带给观众无数的欢声笑语，消除人们一周的疲劳。

❷ 我认为孝顺就是常常陪在父母身边，照顾父母的生活起居。即使不能陪在他们身边，也要经常打电话问候他们。最重要的是不要让父母为自己操心，因为对于父母来说，儿女的健康快乐就是他们最大的安慰。当然，还需要适当地给父母一些零用钱，这也是表示孝心的一种方式。

❸ 十年前，我曾经梦想当一名空姐。可惜的是，我从来没有去挑战过，所以至今仍后悔不已。如果时光可以倒流，我一定会毫不犹豫地去挑战一把，即使失败也无所谓。

说一说 2

1 我的童年是在无忧无虑中度过的。不像现在的孩子早熟，总是想方设法跟父母要零花钱出去玩。对我来说，每天跟朋友们在家门前、公园、操场疯玩就是最幸福的事了。当然，我也曾和许多孩子们一样做梦都希望快点长大，幻想过长成大人的样子。

2 高中时，不知是出于对父母的反抗，还是因为天性贪玩，我开始放弃学业，甚至性格也变得任性、固执。父母和老师都为我伤透了脑筋，操透了心。现在想想，都是我的不成熟惹的祸，让我在人生的道路上走了许多冤枉路。如果人生可以重来，我一定会做个乖孩子。

课文 인생의 황금기

어떤 사람은 인생을 한 차례의 여행으로 삼아, 도대체 어느 시기의 풍경이 가장 아름다운지 많은 사람들이 이에 대해 팽팽히 맞선다. 낭만적 청춘의 20여 세인가 아니면 사업과 사랑을 어깨에 지고 있는 30여 세인가, 성숙되고 숙련된 40여 세인가 또는 더 나아가서 편안하고 여유로운 60~70세인가.

또 어떤 사람은 나에게 소중하고 귀한 것만이 황금으로 불릴 수 있으므로, 황금기로 불리는 것 역시 마찬가지로 다음의 네 가지 가혹한 요구에 미쳐야 한다고 말한다. 첫 번째, 나에게 배정될

충분한 시간이 있어야 하며, 매일 바쁘고 마음의 여유가 없으면 안된다. 두 번째, 경제적으로 부담이 없어, 돈을 지배해야지 돈에 지배당해서는 안된다. 세 번째, 인맥이 광범위해야 하며 물질적 이익이 섞여있지 않은 지기(知己)가 있어야 한다. 네 번째, 가정이 안정되고 몸이 건강해야 한다. 이러한 조건에 의거해서 인생을 비교 대조한다면 단 세 번만이 이 조건에 근접한다. 각각 대학 시절, 중년기 그리고 퇴직 이후이다.

대학 시절은 에너지가 충만하고 열정이 가득하다. 모든 것에 호기심과 자신감이 있고 곁에는 마음 맞는 친구들이 있다. 무엇인가 공부를 하려 해도 시작이 빠르고 이해력도 매우 높다. 단지 시간의 변화에 따라 점점 이상만 있어서는 안되며, 현실은 상상했던 것보다 더 복잡하고 불안정하다는 것을 발견하게 된다. 더 중요한 것은 학교에서 사회로 진입하면서 역할을 바꿔야 하는 상황에 직면하게 된다는 것이다. 지금 '학사가 넘쳐나고 석사도 흔히 볼 수 있다'는 취업 형국에서 그럭저럭 생활이 가능한 수입이 있는 일만 있으면 되는 것이지, 누가 애초의 호방한 포부를 지닌 사람이 되고자 하는 마음이 아직 있겠는가?

중년이 되면 이미 사업의 안정기와 수확기로 접어든다. 당초의 야심과 계획이 조금씩 현실로 바뀌고 있는 것 같고, 명함의 직위도 '책임자' 혹은 '장'으로 늘어난다. 돈을 쓸 때도 조심스럽게 몇 개의 0이 있는지 세지 않고 호탕하게 신용카드를 꺼내서 결제한다. 비록 자신의 온몸과 마음을 일에 매진하게 하고 싶겠지만, 가장 부인할 수 없는 것은 당신의 기억력과 학습 능력이 확실히 대학 시절만큼 좋지 않다는 것이다. 일하는 중 각 방면의 스트레스에 직면해 있지만, 가정에서 오는 걱정 또한 당신이 어쩔 수 없이 대면해야 하는 것이다. 배우자, 아이, 부모 모두 누구나 관심이 필요하다. 그런데 누가 당신에게 관심을 가지는가?

눈깜짝할 사이에 퇴직할 시기가 된다. 귀찮게 하는 알람 소리도 들을 필요도 없고, 일찍 나가고 늦게 돌아올 필요도 없으며, 필사적으로 일할 필요도 없다. 여유롭게 오후의 차를 마시며, 신문을 보고, 주식도 하고, 친구도 만난다. 명절을 보낼 때는 아이들과 손자, 온 집안 식구들이 시끌벅적하게 한데 모여서 밥을 먹으면 올해가 이미 지나간 셈이다. 그런데 한가롭긴 하지만 항상 무엇인가 부족한 느낌이다.

이렇게 말을 하자니 그들은 모두 황금기인 것 같기도 하고 아닌 것 같기도 하다. 매 시기 동안 모두 자신만의 특징과 문제가 있다. 사실 황금기를 추구하는 것이 또 무슨 의미가 있을까? 인생의 여정 중 모든 곳의 풍경이 모두 다 다르다. 다시 올 수 없다면, 눈앞의 길을 잘 가고 눈앞의 아름다운 풍경을 놓치지 않으면, 어딜 가든 모두 당신의 황금기를 만날 수 있다.

▶ 정답

❶ 一、有充裕的时间可供自我安排；二、没有经济负担，可以支配钱，而不是被钱所支配；三、人脉广泛，并且拥有不掺杂物质利益的一帮知己；四、家庭稳定，身体健康。

❷ 一、大学时代。精力充沛，热情洋溢，对一切都抱有好奇心和自信心。身边有着一群志同道合的朋友。学起什么来，也是上手很快、悟性很高。

二、中年。中年已经踏入了事业的稳定期和收获期，当初的野心和计划好像正一点点变成现实，职位也升高了，花钱时也不再小心翼翼地数有几个零了。三、退休时代。悠悠闲闲地喝喝下午茶、看看报、炒炒股、见见老朋友。愿意的话，还可以报个旅游团去旅游，逢年过节，一大家子人热热闹闹聚在一起，吃个团圆饭。

❸ 我人生的黄金期是大学时候。我觉得大学时候，可以无忧无虑地一边学习，一边享受青春时光。另外，大学也是女人花一般的时节，即使不化妆，不穿漂亮衣服，也会有人夸你漂亮。走出校门，走向社会的那一瞬间，人生的黄金期也就结束了。

❹ 为了我们各自的黄金期，所有的人都应该事先做好迎接黄金期的准备。比如：扩展自己的知识领域，随时为自己充电，因为我们不知道什么时候会跳槽，或者被炒鱿鱼；多注重自己的外貌及言行，不要因为年纪大了而放弃打扮自己；多交一些朋友，朋友多了路好走，等你遇到了困难，就会理解这句话的真谛了；多陪陪家人，这世界上没有比家人更重要的了。

写一写

1 ❶ 他的作品深受青年观众的欢迎。/ 他的作品深为青年观众所欢迎。
'深受……的欢迎'과 '深为……所欢迎'은 함께 쓸 수 없다.

❷ 这孩子常以买书为名，向父母讨钱。/ 这孩子常借口买书，向父母讨钱。
'以……为名'과 '借口……'는 함께 쓸 수 없다.

❸ 经过好朋友的帮助，他终于完成了作业。/ 在好朋友的帮助下，他终于完成了作业。
'经过……'와 '在……下'는 함께 쓸 수 없다.

❹ 对于孩子的教育问题，中国父母一向十分重视。/ 在孩子的教育问题上，中国父母一向十分重视。
'对于……问题，……'과 '在……问题上，……'는 함께 쓸 수 없다.

❺ 在演讲中，教授举了一个龟兔赛跑的例子来说明那个事件。/ 在演讲中，教授以龟兔赛跑的寓言故事为例来说明那个事件。
'举了一个……例子来说明……'과 '以……为例来说明……'은 함께 쓸 수 없다.

2 ❶ 精力　❷ 抱有　❸ 上手
　❹ 推移　❺ 转变　❻ 当初

听和说

1 「녹음원문」

　　《大学时期要做的50件事》确实是一本好书。在这本书里，我仿佛看到了我们当年的大学时光，每个人都怀着美好的愿望走进心中神圣的殿堂，年轻的梦想与激情在这里与现实碰撞。四年的时光让我们从青涩变得成熟。四年时间太短了，到结束的时候，才发现自己那么多的书没有看，那么好的机会没有尝试，那么多的苦没有受过，那么好的朋友没有留住。要是当年我们也能看到这样一本书，也许我们的大学会收获更多。这本书是一个对自己的规划，不单单是学业，还有为人、处事、梦想和期望。大学不再仅仅以个人的成绩论英雄了，每个人都是优秀的，如何找到自己的位置很关键。大学生活会涉及的方方面面，书中都提出了非常中肯的建议。一本好书，与所有的朋友共勉。只为了人生无悔的青春时光！本书即将由哈尔滨出版社出版。

2 ❶ 这本书是一个对自己的规划，不单单是学业，还有为人、处事、梦想和期望。大学生活会涉及的方方面面，书中都提出了非常中肯的建议。

❷ 我的大学生活是在学习与打工中度过的。从上大一开始，为了减轻父母在经济上的负担，我就开始做家教，为了赚足下一学期的学费，我在假期也拼命打工。唯一让我仍值得回忆的就是在繁忙的大学生活中，我还是遇到了让我心动的人，并展开了一段美好的恋情。虽然这段恋情在我大学毕业时无疾而终，但至今也难以忘怀。

❸ 首先，我会建议他们多参加社团活动，以积累社会经验。其次，多学习。现在已经是不会外语，寸步难行的社会了。多学习会让你以后在工作中受益匪浅。最后是多出去旅旅游，增长一下见识。用为工作或成家以后你会感到心有余而力不足。

作文

STEP1 提纲

❶ 喜欢的电视节目
　：我喜欢《新闻联播》等新闻类节目
❷ 喜欢这个节目的原因
　：一、可以了解社会的发展动态；二、关心国家大事是每个公民的责任等

STEP2 作文

　　随着人们物质生活的日益丰富，越来越多的人们开始重视起精神享受来了。其中看电视就是最为大众化的娱乐休闲方式。所以各大电视台纷纷推出五花八门的电视节目来吸引观众。我是一个女孩子，说来应该爱看风花雪月的言情片，但是我却偏偏更热衷于收看一些时事新闻类的节目，比如《新闻联播》、《焦点访谈》等等。细细想来，原因可能有以下几个：

　　首先，可以说是"近朱者赤，近墨者黑"吧。从小我的父母就常在晚饭后打开电视，收看中央电视台的新闻联播，这个习惯即使到现在也没有改变。工作再忙，心情再不好，看上几段新闻，就会被世界上发生的各种新闻所吸引，从而忘却了自己芝麻大的小烦恼。爸爸也说这是他教给我的最好的习惯之一。

　　其次，看这类时事新闻类节目，可以及时地了解社会动态，跟上时代的发展潮流。现在的社会瞬息万变。古人"两耳不闻窗外事，一心只读圣贤书"，可是现在要是这样的话，一定会和社会脱节。要想在竞争激烈的社会中生存下去，广博的知识和开阔的视野是必不可缺的，而新闻节目正是最好的途径。它为观众提供了许多丰富的信息，帮助人们增长知识，开阔眼界。

　　最后，我觉得"天下兴亡，匹夫有责"。作为一名公民，关心国家，关心社会是义不容辞的责任，而新闻类节目就为我们提供了一个最好的平台。如果每个人都能做到"家事国事天下事，事事关心"的话，社会风气肯定也会大大改观的。

　　总之，新闻节目寓教于乐，为我开拓出了另一片天地，丰富了我的知识和生活，希望大家也能喜欢上这类节目。

chapter 08 摩登时代

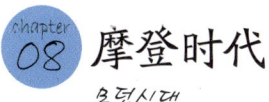

会话 만일 삶에 ……이 없다면

　　사무실 전체가 눈코 뜰 새 없이 바쁠 때, 갑자기 정전이 되었다. 알고보니 오피스 빌딩의 전력 시스템에 문제가 생긴 것이다. 긴급 수리를 하고 있지만 짐작하건대 좀 기다려야 전력 공급이 회복될 것 같았다. 그래서 사무실 내 한 무리의 사람들이 어쩔 수 없이 수중의 일을 놓고 바쁜 가운데 짬을 내서 수다를 떨기 시작했다.

왕린　아이, 이게 무슨 일이래요! 한참 동안 문서를 작성했는데 이렇게 졸지에 사라지다니. 방금 저장도 안했는데 완전히 헛수고했네요. 컴퓨터가 없으면 제가 뭘 할 수 있겠어요. (머리를 숙이고 자신의 핸드폰을 본다) 그래도 다행인 게,

165

비서	핸드폰은 사용할 수 있으니까요. 아니면 정말 세상과 격리되어 마치 세상으로부터 버려진 것 느낌일 거예요.
비서	누가 아니래요. 원래는 당연해서 언급할 가치가 없는 작은 것도 갑자기 사라지면 정말 사람 골치 아프게 만들죠. 제가 핸드폰과 떨어질 수 없는 것처럼 말이에요. 만일 어느 날 핸드폰을 잊고 가져오지 않으면 하루 종일 마음이 초조하고 불안할 거예요. 무슨 중요한 전화를 놓쳐버릴까 봐서.
회계	아이고, 자네가 무슨 사장도 아니고, 스스로를 너무 대단하게 생각하는 거 아녜요? 전화 한 번 덜 받으면 어때서? 제 생각엔 이건 주객전도예요. 도대체 사람이 핸드폰을 사용하는 걸까요 아니면 핸드폰이 사람들에게 심부름을 시키는 걸까요?
남자직원	이런 말도 못 들어 봤어요? '대장장이가 그 일을 잘하려면 먼저 그 공구를 날카롭게 해야 한다'고. 컴퓨터가 없다면 우리가 어떻게 전자 메일을 받고 보고서를 쓰겠어요? 핸드폰이 없다면 고객이 우리와 연락이 되지 않아 해고 당하는 것은 일도 아니죠. 만일 아내의 전화를 받지 못하면 집에 돌아가서 혼란스럽게 소란이 일어나는데, 그거야말로 귀찮은 거죠!
비서	귀찮은 걸 말하자면 카드를 잃어버리는 것이야말로 정말 귀찮은 일이라고 할 수 있죠. 이 카드들은 모두 나의 보물들이라 한 장만 없어져도 안되죠. 회사 카드가 없어지면 회사에 들어가지 못하고, 은행카드가 없으면 돈을 찾지 못하고 물건도 못 사죠. 교통카드가 없으면 지하철을 못 타고, 할인카드가 없으면 헛돈을 쓰게 되죠. 여러분은 현대인의 생활에서 누가 이 얇디 얇은 카드에서 벗어날 수 있다고 생각하는 거예요?
회계	이러한 일용품과 비교할 때, 내가 더 중시하는 것은 나의 디지털 보물들인 디지털 사진기와 MP3예요. 안그래도 매일 오피스 빌딩의 사각 칸막이에 답답하게 갇혀서 정말 우울한데, 만일 취미도 없다면 사는 게 정말 슬프죠. 나는 디지털 사진기로 생활에서 모든 재미있고 감동적인 순간을 기록하고, 게다가 휴대하여 다시 볼 때 전통 사진기에 비해서 매우 편리하죠. 당연히 음악도 없어서는 안되고요. MP3가 없다면 매일 출퇴근 길이 얼마나 길겠어요!
왕린	저는 세상에 만일 화장품이 없다면 그거야말로 종말이 다가온 거라고 생각해요. 지금 제게 화장하지 않고 밖에 나가라고 한다면, 마치 옷을 입지 않은 것처럼 얼굴을 들지 못할 거예요. 현대 기술은 여성을 더욱 아름답고, 더욱 자신 있게 만들죠. 선천적인 조건이나 연령의 요소들은 모두 문제가 되지 않아요. 만일 이 모든 것이 사라진다면 세상에 많은 아름다운 풍경이 줄어들 거예요.
남자직원	그때가 되어 보게 되는 것은 모두 장식을 하지 않은 자연미겠죠. 그럼 더 좋지 않나요? 원래 화장품은 아름다운 것을 더 아름답게 하는 것이지 급할 때 도움을 주는
	게 아니잖아요. 급할 때 도움 주는 것을 말하자면, 우리 집의 도우미가 생각나네요. 그녀가 있어서 다행이지 아니면 우리 맞벌이 가정은 정말 엉망이 될 거예요.
회계	맞아요, 맞. 우리 집도 그래요. 도우미가 고향으로 쉬러 갈 때면 집에는 정리하고 밥 하고 세탁할 사람이 없고, 아이도 울고 소리지르며 보모를 찾고 정말 애가 타죠. 지금 생각해도 온 몸에 땀이 나요.
왕린	맞아요. 현대 생활의 편리함은 각종 기계들이 가져온 것뿐 아니라 특급 우편을 배달하는 청년, 길에서 아침밥을 파는 아주머니, 화장실 청소를 하는 아주머니 등등이 있죠. 그들은 우리의 현대 생활에서 정말 없어서는 안될 사람들이에요. 양심적으로 말해 어떤 기계와 비교하면 우리가 갖는 관심은 적은 듯해요. 그들이 없으면 속수무책이고 매우 바빠지게 됨을 알게 되죠. (모든 동료들이 동의하며 고개를 끄덕인다)

이때 사무실의 등이 갑자기 밝아졌는데, 알고보니 전선 수리가 다 된 것이었다. 모두 즉각 사방으로 뿔뿔이 흩어져 자신의 '사각 칸막이'로 돌아가 계속해서 바쁘게 일하기 시작했다.

语法

1 君子动口不动手，何必为了件小事**打得不可开交**呢？
2 年过四十了还在啃老，**这叫什么事啊**？
3 面对一群面试官，我这心里真是**十五个吊桶打水——七上八下**啊！
4 只是一句玩笑话，你还真**当回事**啦？
5 **工欲善其事，必先利其器**，由此可见准备工作的重要性。
6 国有国法，家有家规，要是每个人都随心所欲，那国家还**不乱了套**？
7 **说句良心话**，我对你不薄，可你为什么背叛我？
8 看到班主任走进教室来，学生们赶快**作鸟兽散**了。

说一说 1

1 ① 秘书如果忘了带手机的话，整天心里都会七上八下的，生怕错过什么重要的来电。
② 如果没有公司卡，进不了大门；没有银行卡，取不了钱，买不了东西；没有交通卡，坐不了地铁；没有打折卡，就会白花冤枉钱。
③ 会计最看重的是他的数码相机和MP3。用数码相机可以记录下生活中每个有趣和感人的瞬间，而且方便携带和回放。用MP3可以打发每天漫长无聊的上下班时间。
④ 王琳认为没有了化妆品，就等于世界末日来了。因为化妆品让现代女性变得更美丽，也更有自

信了，如果没有化妆品，这个世界会少了很多美丽的风景。而男职员则认为不加修饰的自然美更好。化妆品是锦上添花，而不是雪中送炭。

❷❶ 家用电器为主妇们节省了不少时间和精力，让人们的生活变得更加舒适、更加现代化，同时，它也给我们带来了不少的烦恼。比如说，长时间的电磁辐射会引起健康问题；如因一时粗心大意，可能会引发火灾等安全事故。

数码产品提高了我们的生活质量，使许多不可能变成了可能。数码产品帮助我们记录生活的点点滴滴，并且让它可以保存到永远。数码产品带给人们的最大的烦恼莫过于对健康的威胁了。除了电磁辐射以外，智能手机的出现,使得上班族们不得不24小时待命，加快了人们健康的恶化速度。

❷ 同意。结果固然重要，但是要想得到好的结果，准备过程是不可忽视的。俗话说得好："机会总是留给有准备的人。"比如说，如果我想就职于某大企业，那首先我应该在这个企业的用人标准方面下工夫，只有具备了这些基本的条件，才有挑战的机会，也才有成功的可能性。

❸ 锦上添花：韩国的花样滑冰女王金妍儿，她曾在数次国际大赛中获得了冠军，而她热心于慈善事业以及多方面的才华更为她得到世界人的喜爱而锦上添花。

雪中送炭：每个冬天，都会有很多慈善团体，为独居老人以及家境困难的人送去取暖材料以及生活用品，让他们在寒冷的冬天里感受到春天的温暖。对于那些生活困难的人来说，这些慈善团体就是雪中送炭。

说一说 2

1 智能手机的问世，给人类世界带来了革命。它就像一部掌上电脑，我们可以用它拍摄照片、视频通话、浏览网页、搜索信息。如果觉得字体太小，还可以简单地手指一划就可以扩大字体。随着智能手机逐渐走向成熟，智能手机的设计也越来越人性化。听说最新的手机竟然可以防水防震。

2 我曾经做过一个梦，虽然这只是一个幻想，但我相信有一天会梦想成真的。那就是所有的饭店都变成智能化的。为了让客人享受方便实惠的服务，饭馆的菜都统一定价，客人们进出只需刷卡就可以轻松买单。洗碗、做菜当然都是机器人的任务，客人一天24小时可以随时出入。怎么样？是不是很令人向往呢？

课文 화이트칼라가 가장 원망하는 '4대 발명'

한 조사에서 천 만 화이트칼라 계층으로부터 비난 받는 '현대 4대 발명', 순서대로 출퇴근 카드기, 라면, 침대 매트리스, 핸드폰을 표명하였다. 기자가 4명의 서로 다른 직종의 화이트칼라를 각각 인터뷰하여 그들과 이 '4대 발명'에 대해서 속시원히 이야기했다.

1. 출퇴근 카드기: 지각을 하지 않기 위해 이직을 선택하다

(장 선생, 32살, 일본계 소프트웨어회사 기술 개발)

예전 회사의 사장님께서는 해외유학파이셔서 회사는 미국식의 융통성 있는 관리방식을 적용하여 아침에는 좀 늦게 올 수 있고 저녁에는 좀 일찍 나올 수 있었어요. 자신의 일만 때맞춰 제출하기만 하면 됐었죠. 그래서 '출퇴근 카드 찍기'의 개념이 그렇게 잡혀 있지 않았어요. 작년에 지금의 회사로 이직한 후에야 예전에 얼마나 행복했는지 알게 됐죠. 저는 종종 출퇴근 카드 찍는 것을 잊어서 공연히 고생해서 번 돈을 손해 보게 되었죠. 어느 날 아침 제가 지하철을 타고 회사로 오는데, 몇 정거장을 가서야 중요한 문서를 집에 두고 왔다는 것을 발견했죠. 마음속으로 자신을 덜렁이라고 욕하며 급히 집으로 가지러 갔죠. 그리고 마지막에 조급하게 택시를 잡아타고 회사로 향할 수밖에 없었어요. 결국 10분 늦게 도착했죠.

출퇴근 카드기는 우리 회사 몇몇 사람들의 '눈엣가시'가 되었어요. 그래서 사람들은 몰래 도와 서로 대신해서 출퇴근 카드를 찍어 줘요. 사실 우리는 모두 힘들게 일하는데, 이 기계를 만나고부터 항상 신임 받지 못하는 느낌을 받아요. 그러면서 점차 우리 마음속에 이직에 대한 계획이 생기기 시작했고, 다음 사장님은 출퇴근 카드기로 문을 지키는 경우가 없기를 기도하죠.

2. 라면: 영양 부족을 조심하다

(주 선생, 27세, IT업계 소프트웨어 판매원)

입사를 하고 양말 하나 세탁할 시간도 없을 정도로 바빠서 제대로 된 밥 한 끼 먹는 것은 더더욱 말할 필요가 없게 되었어요. 그래서 배도 채울 수 있고 간편한 라면이 제 삶의 친밀한 친구가 되었죠.

당연히 건강이 중요하다는 것을 알죠. 하지만 매일 바쁜 일이 너무 많아서 건강을 고려할 시간이 없어요. 양복에 구두를 신고 성공한 화이트 칼라 모습을 하고 일회용 밥그릇을 들고 후루룩 라면을 먹는 것을 생각하면 때로는 마음이 정말 쓰리고 아파요.

3. 침대 매트리스: 밤새 야근할 핑계거리가 생기다

(이 선생, 29세, 외국자본은행 재무)

화이트칼라가 되고 당신은 아침 9시 출근에 오후 5시 퇴근이라는 정상적인 생활을 하고 싶다고요? 절대 불가능이죠! 당신은 어쩔 수 없이 '야근'을 하면서 묶여있어야 해요. 가장 유명한 예로 선전에 있는 한 회사의 '침대 매트리스 문화'를 들 수 있죠. 이 회사는 창립 초창기에 모든 개발원들에게 침대 매트리스를 하나씩 나눠 줬죠. 직원들은 항상 몇 날 며칠 사무실을 나가지 못하고 피곤하면 침대 매트리스에 누워서 쉬고, 깨면 일어나서 또 머리를 파묻고 열심히 일했죠. 이렇게 밤낮으로 열심히 일했기 때문에 그 회사가 오늘의 영광이 있게 된 거예요. 우리 회사는 비록 이렇게

과도한 야근은 없지만, 모든 사람들이 신입 직원에서 경력직이 되려면 반드시 고통스러운 야근을 경험해야 한다는 것은 잘 알고 있죠.

4. 핸드폰: 애증이 교차하면서 강박증에 걸리다

(타오 양, 31세, 약품회사 판매 지배인)

일 때문에 저는 매달 300위안이라는 핸드폰 요금을 일정한 도액으로 청구해요. 처음에는 회사 복지가 좋다고 생각해서 그런대로 의기양양했는데 1년이 지나고 전 정말 '핸드폰 생활'을 견딜 수 없게 되었어요. 때로는 한밤중에도 사장님의 전화를 받아야 하거든요. 오랜 시간 핸드폰으로 통화하는 사람은 불치병에 걸리기 쉽다고 들었는데, 진짜인지 아닌지는 모르겠지만 정말 좀 불안해요.

지난달, 제가 연차를 내서 쉬었는데 생각지도 못하게 이번 휴가를 쉬면서 오히려 병이 났어요. 핸드폰의 '방해'가 없어지자 저는 오히려 불면증에 시달리기 시작해 안절부절 못하게 되었죠. 식당에서 오랜 친구에게 밥을 사는데 밥 한 끼를 두 시간을 먹었는데도 핸드폰이 울리지 않으니까, 옆 테이블의 핸드폰 소리가 울리자 저는 바로 조건 반사적으로 제 핸드폰을 들었죠. 저는 핸드폰을 보면서 멍하니 혼잣말로 '어떻게 나에게 전화하는 사람이 없지? 핸드폰 고장난 거 아냐?'라고 했더니, 맞은편 친구가 놀라서 손을 뻗어 제 이마를 만지며 '아무 일 없지?'라고 묻더라고요.

➡ 정답

❶ 一、打卡机。打卡机的出现，使得白领们不得不准时上下班，即使迟到一分钟也不能容忍。
二、方便面。方便面虽然省时又经济，但是对健康危害很大。不过作为上班族，由于业务忙，不得不经常选择吃方便面，而最终失去了健康。三、床垫。床垫给上班族们提供了通宵加班的借口。累了就倒在床上小睡一会，醒了再起来继续加班。四、手机。手机的发明虽然拉近了人与人之间的距离，但是这也意味着上班族必须24小时随传随到。当然，电磁辐射对健康的危害也不小。

❷ 我最喜欢的现代发明是智能手机。智能手机兼备了手机、电脑和电视的功能，而且携带方便，可以随时随地办公、学习、休闲娱乐，当然也可以更快、更及时地接收最新的信息。我觉得智能手机就是我们的贴身秘书。
我最讨厌的现代发明是高跟鞋。虽然我是女生，甚至是高跟鞋的"忠实粉丝"，但是说心里话，高跟鞋真是让我欢喜让我忧。欢喜的是它可以让我的身材看起来更高挑、更苗条，忧的是为了让自己看起来更有气质、更漂亮，即使脚痛得不行，也要忍痛穿着它去上班、去约会，甚至去学习。高跟鞋给我们带来了美丽，却夺走了我们的健康。

❸ 我想发明一辆智能汽车。可以无人驾驶，自动启动，自动停车，自动开关车门，让疲劳的驾车时间变成甜美的睡眠休息时间，因疲劳驾驶而引起的交通事故也将不会再发生。

1 ❶ 作为一个翻译工作者，一方面要学好外语，一方面要学好本国语言， 这也是非常重要的。
두 개의 문장을 무리하게 함께 사용한 것이므로 '要学好本国语言' 뒤에서 끊고, '也是非常重要的' 앞에 대명사 '这'를 넣어 하나의 절로 만들어 줘야 한다.

❷ 我去采访的时候，学校正进行大扫除，同学们有的扫地，有的擦玻璃窗， 还有的在操场上拔草。 / 我去采访的时候，学校正进行大扫除，同学们 有扫地的， 有擦玻璃窗的， 也有在操场上拔草的。
'有的……，有的……'와 '有……的，有……的'는 각기 다른 표현이므로 함께 쓸 수 없다.

❸ 他是一个典型的"说话的巨人，行动的矮子"。干起事来，他比谁都说得动听，可是 比谁都做得差。 / 他是一个典型的"说话的巨人，行动的矮子"。干起事来，他 说得比谁都动听， 可是做得比谁都差。
앞부분의 '比谁都说得动听'과 뒷부분의 '做得比谁都差'가 서로 맞지 않으므로 하나의 표현으로 맞춰야 한다.

❹ 我有不明白的地方，老师都很乐意教我， 让我觉得他们好像是我的长辈一样。
뒷부분의 주어가 잘못 쓰여서 '老师觉得他们好像我的长辈'로 오해할 수도 있다.

❺ 当老师做化学实验时，同学们的 目光都集中在老师手中的烧杯上。
'眼睛集中'이라는 표현은 적당하지 않다.

2 ❶ 无奈　　❷ 捆绑　　❸ 要数
❹ 之际　　❺ 埋头　　❻ 辉煌

1 「녹음원문」

在手机已成为 普及品 的现代都市里，相信大多数职场白领都 难以摆脱 没有手机的生活。然而，一部分拒绝被手机 牵着鼻子跑 的白领们，主张将 主动权 "收回"到自己手中， 有滋有味 地享受自由生活。我的朋友张鹏就是一个"无机族"，他说："像我这种人 生活很规律， 每天 不是 在公司 就是 在家里，有 固定电话、 MSN、QQ和电子邮件，还会 错过 什么重要信息呢？"因为手机，每天都得接 不计其数 的电话，这其中很大一部分是 不必要 的联系电话，反而 在一定程度上扰乱 了工作和生活。

当然， 也不能说 不用手机是 一好百好， 也有偶尔碰到不方便的时候。遇到**突发事件**，得向别人借电话、站在电话亭边等人，甚至通过**商场广播**告知别人他在什么地方……但比起不用手机带来的自由感，偶尔的小麻烦就**算不了什么了**。享受着"无机"乐趣的白领们也表示，职场需要**频繁**的交流，保持**联络通畅**对大部分人而言是十分必要的，这就决定了大部分人不能像他们那样，勇敢地**向手机说再见**。

2 ① 他们拒绝被手机牵着鼻子跑，主张将主动权"收回"到自己手中，有滋有味地享受自由生活。

② 还有固定电话、MSN、QQ和电子邮件等联系方式。

③ 比如说：遇到突发事件，得向别人借电话，站在电话亭边等人，甚至通过商场广播告知别人他在什么地方等。

④ 大部分人当不了"无机族"。因为职场需要频繁的交流，保持联络通常对大部分人而言是十分必要的，这就决定了大部分人不可能勇敢地向手机说再见。

STEP1 提纲

❶ 广告的好处
：广告可以帮助我们了解产品信息，公益广告有宣传作用等

❷ 广告的坏处
：浪费时间和资源、破坏环境等

❸ 怎样正确看待广告
：应该扬长避短，不能一概而论等

STEP2 作文

作为一个现代人，生活中免不了要和广告打交道。有的让人喜欢，有的却让人厌恶。到底它有什么好处和坏处呢？

那就让我先来说说广告的好处吧。首先广告可以使我们获得很多信息。现代社会是信息社会，通过各种产品的广告，我们可以了解到最新的科技发展情况和最新的流行趋势等等。有些广告中的名牌产品也的确质量高人一等，不看广告的话，我们根本无从了解哪些产品才是好产品。特别是像招聘广告这样的广告更是给我们找工作带来了极大的便利。

其次，有的广告也很有艺术价值，给人以美的享受。最近有些广告设计新颖，画面精美，音乐也很动听，加上明星大腕，想不吸引人也很难呢！再加上某些幽默轻松的小品式广告，更是让人过目不忘。

最后，除了商业广告以外，公益性广告也越来越多见了。这无疑是一件可喜的事。关心青少年的成长、提醒公众保护环境，强调人与人之间的真情等各种题材的公益广告，不时会带给人们温暖的感觉。

当然，广告也的确存在一些坏处。比如说浪费我们的时间和资源，电视节目中穿插的广告，散落一地的宣传单等等，不仅浪费资源，而且污染环境。还有对孩子来说，由于思想还不成熟，很容易因受到广告的影响而确立一些错误的观念。最为严重的就是虚假夸张广告。它们会误导人们，危害消费者的权益。例如，某些在广告中吹嘘富有神奇效果的减肥茶、药丸等等，最后都被证明是劣质产品，让消费者又花钱又伤身。

总之，什么事都有两面性。广告也是如此。我们应该扬长避短。规范广告市场，避免和减少广告的负面影响，尽量做出更多更好的广告。

A

| 暗恋 ànliàn 남몰래 사랑하다 | 37 |

B

把门 bǎ mén 문을 지키다	134
掰 bāi (손으로) 물건을 쪼개다, 뜯다	70
白骨精 báigǔjīng 화이트칼라(白领), 핵심(骨干), 걸출한 인물(精英)을 합친 것의 줄임말	31
百忙之中 bǎimáng zhīzhōng 바쁜 가운데	126
办公大楼 bàngōngdàlóu 사무용 빌딩	127
办公室恋情 bàngōngshì liànqíng 사내 연애	127
报废 bào fèi 폐기하다	85
报销 bàoxiāo 정산하다	134
暴发户 bàofāhù 벼락부자	111
倍感惋惜 bèigǎn wǎnxī 매우 애석하고 유감이라 느끼다	22
本末倒置 běn mò dào zhì 본말이 전도되다	126
奔 bēn 곧장 가다, 나아가다	30
奔三 bèn sān 곧 서른 살이 되다	30
奔着……去…… bènzhe……qù…… ~을 향해 나아가다	30
比照 bǐzhào 몇 가지 사물을 대조하고 비교하다	118
飙 biāo 폭풍	79
飙车 biāochē 매우 빠른 속도로 차를 몰다	79
飙升 biāoshēng (가격·수량 등이) 급증하다	79
表白 biǎobái 고백하다	37
舶来品 bóláipǐn 수입품(현재는 국외에서 국내로 들어온 의식·문화·물품·언어·기술 등을 가리킴)	86
不卑不亢 bù bēi bú kàng 비굴하지도 거만하지도 않다	30
不耻下问 bù chǐ xià wèn 자신보다 학식이 낮은 사람에게 묻는 것을 수치스럽게 생각하지 않다	46
不敢苟同 bùgǎn gǒutóng '不同意'의 예의 바른 표현	70
不惑之年 búhuò zhī nián 40세(불혹)	79
不骄不躁 bù jiāo bú zào 교만하거나 조급해하지 않다	46
不听使唤 bùtīng shǐhuan 분부를 따르지 않다	126
不要脸 búyàoliǎn 뻔뻔스럽다	47

C

侧过身子 cèguò shēnzi 몸을 옆으로 돌리다	53
掺杂 chānzá 혼잡하게 하다	118
尝甜头 cháng tiántou 이득을 얻다	22
畅所欲言 chàng suǒ yù yán 하고 싶은 말을 마음껏 하다	110
畅谈 chàngtán 마음껏 이야기하다	69
畅想 chàngxiǎng 자유롭게 상상하다	110
车奴 chēnú 차의 노예	78
成本 chéngběn 원가	85
成熟 chéngshú 성숙되다	117
承前启后 chéng qián qǐ hòu 선대의 유업을 계승 발전시키다	111
乘胜追击 chéng shèng zhuī jī 유리한 형세와 기회를 잡아 추격하다	70
崇尚 chóngshàng 추종하다, 좋아하다	70
出类拔萃 chū lèi bá cuì 같은 무리에서 특별히 뛰어나다	31
处变不惊 chǔ biàn bù jīng 심상치 않은 상황에 처해서도 태연자약하다	47
处理 chǔlǐ 처리(처분)하다	85
创办微软公司 chuàngbàn wēiruǎn gōngsī 마이크로소프트 회사 설립	21
慈善事业 císhàn shìyè 자선사업	21

D

打赤膊 dǎchìbó 웃통을 벗다	54
打卡 dǎkǎ (출퇴근 시에) 타임 레코더에 체크하다	134
大器晚成 dà qì wǎn chéng 크게 될 인물은 오랜 연마를 거쳐 늦게 이루어진다	14
倒酒 dào jiǔ 술을 따르다	53
得不偿失 dé bù cháng shī 얻는 것보다 잃는 것이 많다	78
低声下气 dī shēng xià qì 고분고분하고 조심하는 모양	30
颠沛流离 diān pèi liú lí 생활이 어려워 도처를 떠돌다	79
电脑操作系统 diànnǎo cāozuò xìtǒng 컴퓨터 운영체계	21
东奔西走 dōng bēn xī zǒu 동분서주하다	46
东拉西扯 dōng lā xī chě 말에 두서가 없다	46
东张西望 dōng zhāng xī wàng 여기저기 두리번거리다	46
动心 dòng xīn 마음이 동요되다	37
端起饭碗 duānqǐ fànwǎn 밥그릇을 받쳐들다	53
兑现 duìxiàn (어음·수표 등을 은행에서) 현금으로 바꾸다, (결산할 때) 현금을 지불하다	102

E

恩恩爱爱 ēn ēn ài ài 부부간의 금실이 좋다 … 30
而立之年 ér lì zhī nián 30세 혹은 30여 세 … 79

F

番 fān 차례, 횟수, 회를 가리키는 양사 … 62
翻了好几番 fān le hǎo jǐ fān 몇 배가 되다 … 62
防水 fángshuǐ 방수하다 … 133
房奴 fángnú 집의 노예 … 78
放手 fàng shǒu 손을 놓다, 손을 떼다 … 62
非A即B fēi A jí B A아니면 B이다 … 22
疯玩 fēngwán 정신없이 놀다 … 117
腐败 fǔbài (제도·조직·조치 등이) 부패하다 … 14
负翁 fùwēng 빚쟁이 … 78
富翁 fùwēng 부자 … 21

G

割肉 gē ròu 손해를 보며 팔다 … 63
格言 géyán 격언 … 111
格子间 gézijiān 사무실 … 127
各抒己见 gè shū jǐ jiàn 각자 자기의 의견이나 견해를
 발표하다 … 110
各执一词 gè zhí yì cí 제각기 자신의 의견을 고집하여
 팽팽히 맞서다 … 110
公说公有理，婆说婆有理
 gōng shuō gōng yǒu lǐ, pó shuō pó yǒu lǐ
 각자 자기의 주장이 옳다고 수장하다 … 14
功败垂成 gōng bài chuí chéng 성공 직전에 실패하다 … 31
功成名就 gōng chéng míng jiù
 공을 세우면 명성도 있게 되다 … 14
共勉 gòngmiǎn 서로 격려하다 … 111
共同需求 gòngtóng xūqiú 공통수요 … 85
勾心斗角 gōu xīn dòu jiǎo
 궁궐의 구조가 들쭉날쭉하고 정교하며 섬세하다 … 94
古稀之年 gǔxī zhī nián 70세(고희) … 79
固执 gùzhí 고집스럽다 … 117
挂念 guàniàn 걱정하다 … 94
拐弯抹角 guǎi wān mò jiǎo 꼬불꼬불한 길을 따라 가다 … 46

滚来滚去 gǔn lái gǔn qù 굴러다니다 … 69
过河拆桥 guò hé chāi qiáo 목적을 이룬 뒤 도와준 사람의
 은혜를 모르다 … 15

H

哈佛大学 Hāfó Dàxué 하버드 대학 … 21
海归 hǎiguī 해외에서 유학하고 돌아온 인재 … 134
海选 hǎixuǎn
 많은 사람들 중에서 인재를 선발하는 일종의 선발 방식 … 14
寒暄 hánxuān 만났을 때 서로 안부를 묻고 날씨에 대해
 이야기하는 등의 (상투적인) 인사말 … 46
汗水 hànshuǐ 땀 … 21
汗蒸房 hànzhēngfáng 찜질방 … 79
豪情壮志 háo qíng zhuàng zhì
 호방한 마음과 웅대한 뜻 … 118
合用杯子 héyòng bēizi 술잔 돌리기 … 53
鹤立鸡群 hè lì jī qún 군계일학 … 31
黑心肠 hēixīncháng 흑심 … 94
厚着脸皮 hòuzhe liǎnpí 염치불구하고 … 47
囫囵吞枣 hú lún tūn zǎo 기계적으로 받아들이다 … 47
狐朋狗友 hú péng gǒu yǒu 악당의 무리, 못된 친구 … 101
花花肠子 huāhua chángzi 교활한 심보 … 94
花甲之年 huājiǎ zhī nián 60세(환갑) … 79
划不来 huá bu lái 수지가 맞지 않다 … 78
怀念 huáiniàn 추억하다 … 94
幻想 huànxiǎng 상상하다 … 117, 133
换新 huànxīn 갱신 … 85
黄金地段 huángjīn dìduàn 도심지, 금싸라기 땅 … 110
黄金栏目 huángjīn lánmù 황금 프로그램 … 110
黄金时段 huángjīn shíduàn 황금 시간 … 110
辉煌 huīhuáng 휘황찬란하다 … 134
回收 huíshōu 회수하다 … 85
活泼伶俐 huópo língli 활발하고 영리하다 … 95

J

鸡飞狗跳 jī fēi gǒu tiào 매우 놀라고 당황하다 … 127
鸡犬不宁 jī quǎn bù níng 매우 소란스럽고 불안하다 … 127
鸡犬升天 jī quǎn shēng tiān 한 사람이 높은 벼슬에
 오르면 그 주변 사람들도 권세를 얻는다 … 127

急中生智 jí zhōng shēng zhì 다급한 가운데 좋은 생각이
　　　　　떠오르다　　　　　　　　　　　　　127
集体购买 jítǐ gòumǎi 집단구매　　　　　　　　85
加息 jiāxī 이자를 올리다　　　　　　　　　　78
简而言之 jiǎn ér yán zhī 간단히 말하면　　　　86
见仁见智 jiàn rén jiàn zhì 동일한 문제에 대해 사람마다
　　　　　다른 입장이나 각도에서 서로 다른 의견을 갖고
　　　　　있는 것을 가리킴　　　　　　　　14
见外 jiànwài 남처럼 대하다　　　　　　　　94
饯行 jiànxíng 송별연을 하다　　　　　　　　94
健康指标 jiànkāng zhǐbiāo 건강 지표　　　　95
降息 jiàngxī 이율을 낮추다　　　　　　　　78
交杯酒 jiāobēijiǔ 합환주　　　　　　　　　53
交头接耳 jiāo tóu jiē ěr 귀에 입을 대고 소곤거리다　30
焦头烂额 jiāo tóu làn é
　　　　　궁지에 빠지고 매우 난처함을 형용함　127
叫外卖 jiào wàimài 배달 주문하다　　　　　69
接风 jiēfēng 멀리서 온 손님에게 식사를 대접하다　94
结拜 jiébài 의형제(의자매)를 맺다　　　　101
紧 jǐn 경제가 풍요롭지 못하고 옹색하다　　102
锦上添花 jǐn shàng tiān huā 금상첨화,
　　　　　좋은 일에 더 좋은 일이 더해지다　127
经济指标 jīngjì zhǐbiāo 경제 지표　　　　95
经人介绍 jīng rén jièshào 중매의 소개로　37
纠缠 jiūchán 서로 한데 얽히고 연결되어 있다　38
久仰 jiǔyǎng 존함은 오래 전부터 들었습니다　46
酒肉朋友 jiǔròu péngyou 술친구　　　　101
居无定所 jū wú dìng suǒ 일정한 거처가 없다　79
举不胜举 jǔ bú shèng jǔ
　　　　　너무 많아서 일일이 다 열거할 수 없다　86
举重若轻 jǔ zhòng ruò qīng
　　　　　무거운 물건을 가벼운 물건 들 듯하다　47
角斗场 juédòuchǎng 격투 경기장　　　　22
均摊 jūntān 균등하게 부담하다　　　　　86

K

开诚布公 kāi chéng bù gōng 속마음을 털어놓다　94
侃大山 kǎn dàshān 잡담하다　　　　　　　69
砍价 kǎnjià 값을 깎다　　　　　　　　　85

烤肉 kǎoròu 고기를 굽다　　　　　　　　69
苛刻 kēkè (조건·요구 등이) 과도하게 엄격하고 가혹하다　118
可交 kě jiāo 교제할 가치가 있다, 교제할 만하다　102
客套 kètào 인사치레로 하다　　　　　　　94
啃老 kěnlǎo 부모에게 의존해 살다　　　　78
啃老族 kěnlǎozú
　　　　　분가할 나이가 되어서도 부모님께 의지하는 무리　78
苦中作乐 kǔ zhōng zuò lè 고생 속에서 즐거움을 찾다　126
筷子 kuàizi 젓가락　　　　　　　　　　　53
款式 kuǎnshì 스타일　　　　　　　　　133
扩大 kuòdà 확대하다　　　　　　　　　133

L

来者不拒 lái zhě bú jù 온 사람 혹은 보내온 물품에 대해
　　　　　일절 거절하지 않다　　　　　　38
蓝筹股 lánchóugǔ 우량주, 블루칩　　　110
狼吞虎咽 láng tūn hǔ yàn 게걸스럽게 먹다　47
牢笼 láolóng 새장, 속박　　　　　　　　22
老气横秋 lǎo qì héng qiū 활기가 없고 무기력하다　62
乐天达观 lè tiān dá guān 낙천적이다　95
冷场 lěngchǎng 어색한 장면　　　　　　95
冷笑话 lěngxiàohua 썰렁한 농담　　　　95
理念 lǐniàn 생각, 관점　　　　　　　　　70
力不从心 lì bù cóng xīn 기력이 마음을 따라 주지 못하다　111
敛财 liǎncái 재물을 수탈하고 자금을 한데 모으다　102
两袖清风 liǎng xiù qīng fēng
　　　　　빈털터리이다, 관료가 청렴결백하다　14
零花钱 línghuāqián 용돈　　　　　　　117
浏览 liúlǎn 대강 둘러보다　　　　　　　133
流芳百世 liú fāng bǎi shì 훌륭한 명성이 영원히 전해지다　15
碌碌无能 lù lù wú néng 평범하고 무능하다　31
露营 lùyíng 캠핑　　　　　　　　　　　69

M

买椟还珠 mǎi dú huán zhū 본말이 전도되다　126
忙里偷闲 máng lǐ tōu xián
　　　　　바쁜 가운데 잠시 휴식을 취하다　126
耄耋之年 màodié zhī nián
　　　　　70~80세 혹은 80~90세(노년)　79

美其名曰 měi qí míng yuē 듣기 좋은 이름 또는 명칭을
　　　　　부여해 주어 ~라고 하다　　　　　　79
门当户对 mén dāng hù duì 결혼하려는 남녀 두 집안의
　　　　　사회적 지위와 경제상황이 비슷하고 혼사를
　　　　　맺기에 적합하다　　　　　　　　　　30
梦中情人 mèngzhōng qíngrén 이상형　　　37
面不改色 miàn bù gǎi sè 위기 상황에서도 태연자약하다
名不见经传 míng bú jiàn jīng zhuàn
　　　　　이름을 날리지 못하고 명성도 없음을 형용함　15
名目繁多 míng mù fán duō 구실이 매우 많다　　86
明争暗斗 míng zhēng àn dòu 옥신각신하다　　　94
默默无闻 mò mò wú wén 이름이 세상에 알려지지 않다　15

N

难堪 nánkān 난처하다　　　　　　　　　　　95
内外交困 nèi wài jiāo kùn 안팎으로 궁지에 몰리다　127
尼特族 nítèzú 니트족　　　　　　　　　　　78
念叨 niàndao (걱정하고 그리워서) 두고두고 말하다　94
牛市 niúshì 상승세인 주식시장　　　　　　　63
努力 nǔlì 노력하다　　　　　　　　　　　　21

P

拍摄 pāishè 사진을 찍다　　　　　　　　　133
盘腿 pántuǐ 양반다리를 하다　　　　　　　53
抛 pāo 던지다, 버리다　　　　　　　　　　63
抛空 pāokōng 매도하다　　　　　　　　　　63
抛售 pāoshòu 덤핑판매하다　　　　　　　　63
泡沫 pàomò 거품　　　　　　　　　　　　　78
盆满钵满 pén mǎn bō mǎn 모든 용기가 다 찼다　111
拼死拼活 pīn sǐ pīn huó 전심전력하다　　　118

Q

欺人太甚 qī rén tài shèn 남을 지나치게 업신여기다　110
欺软怕硬 qī ruǎn pà yìng
　　　　　약자 앞에 강하고 강자 앞에 약하다　110
气喘吁吁 qì chuǎn xū xū
　　　　　호흡이 가쁘고 큰 소리로 숨 쉬는 것을 형용함　111
千丝万缕 qiān sī wàn lǚ
　　　　　양자 간의 관계가 밀접하고 복잡하게 얽혀있다　38

前赴后继 qián fù hòu jì
　　　　　희생을 무릅쓰고 용감하게 앞으로 나아가다　15
前呼后拥 qián hū hòu yōng
　　　　　(귀인이나 고관이 행차할 때) 위세가 대단하다　15
前倨后恭 qián jù hòu gōng
　　　　　처음에는 거만하고 나중에는 공손하다　15
潜力股 qiánlìgǔ 성장 잠재주　　　　　　　110
亲近大自然 qīnjìn dàzìrán 대자연과 친해지다　69
轻描淡写 qīng miáo dàn xiě
　　　　　말을 하거나 문장을 쓸 때 문제를 가볍게 여기다 38
卿卿我我 qīng qīng wǒ wǒ 남녀 간에 서로 사랑하고
　　　　　매우 사이가 좋음을 형용함　　　　30
情投意合 qíng tóu yì hé 서로 의기투합하다　101

R

热心肠 rèxīncháng 열의, 열성　　　　　　94
人迹罕至 rén jì hǎn zhì 인적이 드문 곳　126
人脉 rénmài 인맥　　　　　　　　　　　118
人情 rénqíng 우정·체면·인간관계에서 오고 가는 접대의
　　　　　예의 풍속　　　　　　　　　　　102
人生自古谁无死 rénshēng zìgǔ shéi wú sǐ
　　　　　자고로 사람은 다 죽는 법이다　　78
人走茶凉 rén zǒu chá liáng 돈과 권력이 있으면 빌붙고
　　　　　그렇지 않으면 냉담해지다　　　　15
忍耐 rěnnài 인내하다　　　　　　　　　　21
认生 rènshēng 낯을 가리다　　　　　　　94
任人使唤 rènrén shǐhuan 다른 사람에게 심부름을 시키다 126
任性 rènxìng 제 마음대로 하다　　　95, 117
日渐风行 rì jiàn fēng xíng 점차적으로 유행하기 시작하여
　　　　　시대적 유행으로 변하다　　　　　86
日久生情 rì jiǔ shēng qíng 시일이 지나 정이 생기다　37
如虎添翼 rú hǔ tiān yì 더욱 힘이 강해지거나 흉악해지다 127
如愿以偿 rú yuàn yǐ cháng 소원이 이루어지다　63
入乡随俗 rù xiāng suí sú
　　　　　그 지방에 가면 그 지방의 풍속을 따라야 한다　47

S

三点式泳衣 sāndiǎnshì yǒngyī 비키니　　　54
三高女性 sān gāo nǚxìng

	학력이 높고 수입이 많으며 직위가 높은 여성	31

桑拿天 sāngnátiān
　　　　　답답하고 더워서 온 몸에서 땀이 나는 날씨　79
山清水秀 shān qīng shuǐ xiù 산 좋고 물 맑다　69
上气不接下气 shàngqì bù jiē xiàqì 호흡이 곤란하다　111
上手 shàngshǒu 어떤 기술을 능숙하게 파악하다　118
勺子 sháozi 숟가락　53
舍本求末 shě běn qiú mò
　　　　　본질을 버리고 부차적인 것을 추구하다　126
涉及 shèjí 관련되다, 연관되다　38
伸出援助之手 shēnchū yuánzhù zhī shǒu
　　　　　구조의 손길을 내밀다　101
神采飞扬 shén cǎi fēi yáng 득의양양하다　70
生恐 shēngkǒng 몹시 두려워하다　126
生龙活虎 shēng lóng huó hǔ 활력이 넘치다　62
生怕 shēngpà 몹시 두려워하다　126
剩男 shèngnán 노총각　31
剩女 shèngnǚ 골드미스　31
实不相瞒 shí bù xiāng mán 숨기지 않고 사실대로 말하다 110
实话实说 shí huà shí shuō 사실대로 말하다　110
实惠 shíhuì 실리　85, 133
使唤 shǐhuan (공구·가축 등을) 다루다, (남을) 시키다　126
世态炎凉 shì tài yán liáng 돈과 권력이 있으면 빌붙고
　　　　　그렇지 않으면 냉담해지다　15
视频 shìpín 주파수　133
视频通话 shìpín tōnghuà 영상 통화　133
孰优孰劣 shú yōu shú liè
　　　　　(대상을 비교할 때) 누가 낫고 누가 더 못한가　70
束手无策 shù shǒu wú cè 속수무책이다　127
双手举杯 shuāngshǒu jǔ bēi 두 손으로 잔을 들다　53
水到渠成 shuǐ dào qú chéng 조건이 갖추어지면 일은
　　　　　자연스럽게 이루어질 수 있음을 비유함　31
水土不服 shuǐ tǔ bù fú 기후와 풍토가 맞지 않다　47
顺理成章 shùn lǐ chéng zhāng
　　　　　이치에 맞아 저절로 잘 풀리다　31
说了一番 shuō le yì fān 한 차례 말하다　62
说三道四 shuō sān dào sì 이러쿵 저러쿵 말이 많다　30
思前顾后 sī qián gù hòu
　　　　　반복적으로 고려하고 헤아리며 고민하다　111
撕破脸皮 sīpò liǎnpí 두 사람의 관계가 급격히 악화되다

	아무 것도 거리낄 것이 없게 되었음을 형용함	47

四处漂泊 sìchù piāobó 사방을 정처없이 배회하다　79
四面楚歌 sìmiàn Chǔ gē 사면초가　127
搜索 sōusuǒ 수색하다　133
随礼 suí lǐ 축의금　102
遂愿 suì yuàn 소원대로 되다　63
缩手缩脚 suō shǒu suō jiǎo 움츠리다, 우유부단하다　62

T

贪玩 tānwán 노는 데만 열중하다　117
唐装 tángzhuāng 중국 당나라 때의 복장　54
淘汰 táotài 도태하다, 추려내다　14
天才出于勤奋 tiāncái chū yú qínfèn
　　　　　천재는 근면함에서 나온다　21
天长地久 tiān cháng dì jiǔ 영원히 변하지 않다　30
挑 tiāo 메다, 책임을 지다　118
同甘共苦 tóng gān gòng kǔ 동고동락하다　101
土豪 tǔháo 졸부　111
吐实 tǔshí 실토하다　110
团购 tuángòu 단체구매　85
退休 tuìxiū 퇴직　21
退学 tuìxué 퇴학　21

W

往好里说……往坏里说……
　　　wǎng hǎoli shuō……wǎng huàili shuō……
　　　좋은 쪽으로 말해서 ~이고, 나쁜 쪽으로 말해서 ~이다　79
望而却步 wàng ér què bù 위험이나 곤란 또는 자신의
　　　　　역량으로 해낼 수 없는 일을 당했을 때 뒷걸
　　　　　음질을 치다　31
望而生畏 wàng ér shēng wèi 보기만 해도 두려워하다　31
为官清廉 wéi guān qīng lián 청렴하게 관료 노릇을 하다　14
唯恐 wéikǒng 다만 ~할까 봐 걱정이다　126
惟其 wéiqí 바로 ~이기 때문에　118
委曲求全 wěi qū qiú quán
　　　　　아쉬운 대로 참고 견디어 온전함을 바라다　30
畏首畏尾 wèi shǒu wèi wěi 처음도 걱정되고 나중도
　　　　　걱정된다, 소심하여 모든 것이 걱정된다　62
无名小卒 wú míng xiǎo zú 보잘것없는 사람　15

无能为力 wú néng wéi lì 힘을 제대로 쓰지 못하다　127
无影无踪 wú yǐng wú zōng 그림자도 형태도 없다　101
无忧无虑 wú yōu wú lǜ 근심 걱정이 없다　117
物竞天择, 适者生存
　　　　wù jìng tiān zé, shì zhě shēng cún
　　　　(생물 간에) 생존 경쟁하여 자연에 적응한 것만
　　　　선택되어 살아남다　22
悟性 wùxìng 사물에 대한 분석과 이해 능력　118

X

熙熙攘攘 xī xī rǎng rǎng
　　　　왕래가 빈번하고 왁자지껄한 모양　126
席地而坐 xí dì ér zuò 자리가 깔려 있는 바닥에 앉다　53
洗尘 xǐchén 멀리서 온 사람에게 연회를 베풀어 환영하다　94
洗耳恭听 xǐ ěr gōng tīng 귀를 기울여 듣겠습니다　46
洗桑拿 xǐsāngná 한증막　79
细嚼慢咽 xì jiáo màn yàn 밥 먹을 때 잘 씹고 천천히
　　　　삼켜야 쉽게 소화된다　47
遐想 xiáxiǎng 끝없이 상상하다　110
下禁令 xià jìnlìng 금지령을 내리다　46
下通缉令 xià tōngjīlìng 지명 수배령을 내리다　46
闲置 xiánzhì (쓰지 않고) 내버려 두다　85
相濡以沫 xiāng rú yǐ mò 곤경 속에서 서로 의지하고 돕다　37
香喷喷 xiāngpēnpēn 향긋하다　69
享受私人时间 xiǎngshòu sīrén shíjiān
　　　　사적인 시간을 즐기다　69
小家子气 xiǎojiāziqì
　　　　돈을 쓰는 방면에서 소심하고 인색하다　38
血淋淋 xiělínlín 피가 뚝뚝 떨어지는 모양　22
邂逅 xièhòu 우연히 만나다　38
心急火燎 xīn jí huǒ liǎo 마음이 불타는 듯 초조하다　134
心血 xīnxuè 심혈　21
欣然 xīnrán 매우 기쁘고 즐거운 모양　102
信奉 xìnfèng (이념이나 종교를) 신봉하다　70
幸会 xìnghuì 만나 뵙게 되어 반갑습니다　46
性子火爆 xìngzi huǒbào 성질이 불같다　95
熊市 xióngshì (주식시장의) 베어마켓, 하락장　63
虚拟 xūnǐ 허구, 가상　62
虚拟货币 xūnǐ huòbì 가상 화폐　62

虚拟空间 xūnǐ kōngjiān 가상 공간　62
选秀 xuǎnxiù 어떤 방면에서 우수한 사람을 선발하는
　　　　일종의 활동이나 행위를 가리킴　14
雪上加霜 xuě shàng jiā shuāng 설상가상,
　　　　엎친 데 덮친 격이다　127

Y

雅观 yǎguān (옷차림이나 행동거지가) 우아하고 고상하다　54
眼中钉 yǎnzhōngdīng 눈엣가시　134
扬名立万 yáng míng lì wàn 사회적으로 명망을 쌓고 높은
　　　　사회적 지위를 갖추고 있어 매우 유명하다　15
佯装 yǎngzhuāng ~인 척하다, 가장하다　54
野外 yěwài 야외　69
夜以继日 yè yǐ jì rì 밤낮으로 계속 이어지다　134
一步登天 yí bù dēng tiān
　　　　단숨에 높은 수준의 경지 혹은 정도에 도달하다　14
一方水土养一方人 yìfāng shuǐtǔ yǎng yìfāngrén
　　　　각 지역의 구체적인 실정에 맞게 적절한 대책을 세우다　47
一分耕耘, 一分收获 yí fèn gēngyún, yí fèn shōuhuò
　　　　노력한 만큼 수확을 얻다　21
一见钟情 yí jiàn zhōng qíng 첫눈에 반하다　37
一落千丈 yí luò qiān zhàng
　　　　(명예·지위·처지·정서 등이) 급격하게 떨어지다　14
一鸣惊人 yì míng jīng rén 평소에는 조용히 있지만 한번
　　　　시작하면 놀랄 만한 성과를 거두다　14
一年之计在于春, 一日之计在于晨
　　　　yì nián zhī jì zàiyú chūn, yi ri zhī jì zàiyú chén
　　　　일 년의 계획은 봄에 달려있고, 하루의 계획은 새벽에
　　　　달려있다　62
一事无成 yí shì wú chéng 한 가지 일도 이루지 못하다　14
一饮而尽 yì yǐn ér jìn (술이나 물을) 단숨에 다 마시다　53
遗臭万年 yí chòu wàn nián
　　　　악명을 오래도록 후세에 남기다　15
抑或 yìhuò 또는, 아니면　118
因小失大 yīn xiǎo shī dà
　　　　작은 이익으로 인하여 큰 손실을 보다　78
引人遐想 yǐnrén xiáxiǎng 끝없이 상상하게 하다　110
勇往直前 yǒng wǎng zhí qián 용감하게 앞으로 나아가다　31
优惠 yōuhuì 특혜　85

由着性子 yóuzhe xìngzi
　　자신의 성격에 따라 하고 싶은대로 하다　　95
游刃有余 yóu rèn yǒu yú 숙련되고 경험이 있으며 문제를
　　해결하는 데 조금도 힘이 들지 않다　　38
有福同享，有难同当
　　yǒu fú tóng xiǎng, yǒu nàn tóng dāng 동고동락하다 101
与世隔绝 yǔ shì gé jué 세상 사람들과 왕래를 단절하다　126
原始股 yuánshǐgǔ 아직 상장되지 않은 주식　　110
圆梦 yuán mèng 꿈을 실현하다　　63

自古英雄出少年 zìgǔ yīngxióng chū shàonián
　　예로부터 영웅은 어릴 때 난다　　78
自古有之 zìgǔ yǒu zhī 고대부터 이러한 견해·습관·생각
　　등이 있었다는 것을 나타냄　　78
自来熟 zìláishú 사교성이 좋은 사람　　95
自由恋爱 zìyóu liàn'ài 자유연애　　37
走冤枉路 zǒu yuānwanglù 헛걸음치다　　117
做梦 zuò mèng 꿈꾸다　　117, 133
座右铭 zuòyòumíng 좌우명　　111

Z

再利用 zàilìyòng 재활용　　85
在……中度过 zài……zhōng dùguò ~에서 보내다　　117
在于 zàiyú ~에 달려있다　　62
遭遇 zāoyù
　　(불행하거나 순조롭지 못한 일을) 우연히 만나다　　54
早熟 zǎoshú 조숙하다　　117
瞻前顾后 zhān qián gù hòu 심사숙고하다　　111
掌上电脑 zhǎngshàng diànnǎo 개인 휴대 단말기(PDA) 133
仗势欺人 zhàng shì qī rén 세력을 믿고 남을 업신여기다 110
帐篷 zhàngpeng 텐트　　69
朝九晚五 zhāo jiǔ wǎn wǔ
　　오전 9시 출근에 오후 5시에 퇴근함　　134
朝气蓬勃 zhāo qì péng bó 활력이 넘치다　　62
正儿八经 zhèng ér bā jīng 엄숙하고 진지하다　　134
支支吾吾 zhī zhī wú wú 얼버무리다, 둘러대다　　46
知命之年 zhīmìng zhī nián 50세(지천명)　　79
直截了当 zhí jié liǎo dàng 단도직입적으로　　46
指标 zhǐbiāo 지표, 목표　　95
志同道合 zhì tóng dào hé
　　서로 뜻이 같고 의견이 일치하다　　86
智能化 zhìnénghuà 지능화　　133
众说纷纭 zhòng shuō fēn yún
　　여러 사람의 의론이 분분하다　　14
逐客令 zhúkèlìng 축객령, 손님을 쫓아내는 말　　46
准 zhǔn 반드시, 틀림없이　　30
准保 zhǔnbǎo 틀림없이　　30
准定 zhǔndìng 반드시　　30
自动 zìdòng 자동　　133

맛있는 중국어 HSK 시리즈

THE 맛있게
THE 쉽게 즐기세요!

시작에서 합격까지 4주 완성!

박수진 저 | 19,500원

기본서, 해설집, 모의고사 All In One 구성

한눈에 보이는 공략	간략하고 명쾌한	실전에 강한	
			 1~2급
기본서	해설집	모의고사	필수단어 300

박수진 저 | 22,500원

왕수인 저 | 23,500원

장영미 저 | 24,500원

JRC 중국어연구소 저 | 25,500원

"베스트셀러 교재와
베스트 강의가 하나로 만났다!"

맛있는스쿨 | www.cyberjrc.com

외국어 전 강좌	**영어** 전 강좌	**중국어** 전 강좌
인강 풀패키지	인강 풀패키지	인강 풀패키지
일본어 전 강좌	**베트남어** 전 강좌	**태국어, 러시아어**
인강 풀패키지	인강 풀패키지	기타 외국어

www.cyberJRC.com

친구 등록하고 실시간 상담 받기
 @맛있는스쿨